15歳のファインダー

15歳のアマチュアカメラマンがとらえた
カリフォルニアのランドマーク

佐藤 スミス 力矢

写真、コメント　佐藤スミス力矢
表紙写真撮影 K.S.S.

ISBN-13: 978-1523803279
ISBN-10: 1523803274

この本を　アメリカの祖母、日本の祖父母、そして僕の大切な人たちへ捧げます。

目次

はじめに

カリフォルニア州で有名なランドマーク。ジョシュアツリー国立公園とソルトン湖。　そして穴場のランドマーク。サルベーション　マウンテンとスラブシティで撮影したフォトエッセイ集です。それぞれの場所の紹介と僕の感想をそえています。

写真のほとんどはデジタル SLR カメラを使って撮影しました。これは、僕が見たままに、見せたいままに撮ることができるカメラです。カメラの準備が間に合わなかった瞬間の撮影には、スマートフォンのカメラを使いました。

僕は、旅行雑誌に載っているようなありきたりな写真は撮りたくなかったので、いつもユニークな視点でファインダーをのぞきました。一瞬の陰影によって、一変してしまう風景とか、形そのものとか。そういった瞬間を探しながら。

移動時間を含めて 16 時間の旅。車での走行距離 887 キロメートル。僕が運転した距離 8 キロメートル。(注：公園内の駐車場だけ)。

そして、サルトン湖での海抜マイナス 69 メートルから、　高くはジョシュアツリー国立公園キーズビューでの　海抜 1,580 メートル標高差 約 1,649 メートルを駆け抜けた旅の記録です。

ジョシュワツリー国立公園

ジョシュワツリー国立公園は南カリフォルニアにあります。
1936 年に国の重要文化財になり、1994 年に国立公園になりました。ここには、ジョシュワツリーがたくさんあるので、ジョシュワツリー国立公園と言う名前が付けられました。広さは約3,199.59 平方キロメートルです。この国立公園には、モハーヴェ砂漠とコロラド砂漠という二つの砂漠があります。リトルサンバーナディーノ山脈もこの公園の一部です。一億年以上の年月をかけて、色々な形をした岩を作りだしました。美しい植生と砂漠が広がっています。

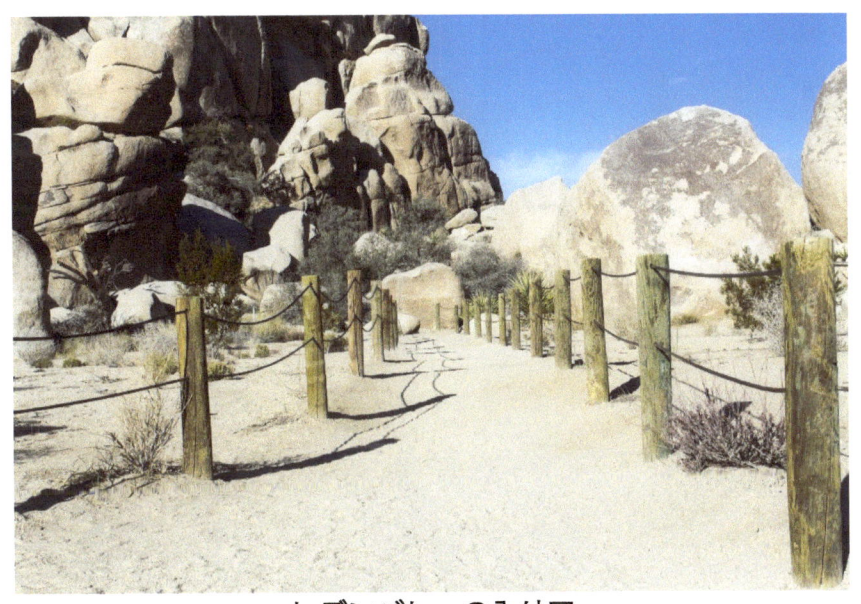

ヒデンバレーの入り口

はじめは 214.4 キロも離れた国立公園にわざわざ行きたくありませんでした。ジョシュワツリーがあって、自然があって、ハイキ

ジョシュワツリー国立公園

ングコースがあるお決まりの国立公園だろう。どうせ、同じような景色が広がっていて、しまいには飽きて退屈だけが残るんだろう。でもそれは間違いでした。インペリアルバレーからの素晴らしい眺め、そして面白い形をしたたくさんの大きな岩に感動しました。なによりも鳥のさえずりも無い、全く音の無い静けさと、すんで安らかな空気がとても気に入りました。

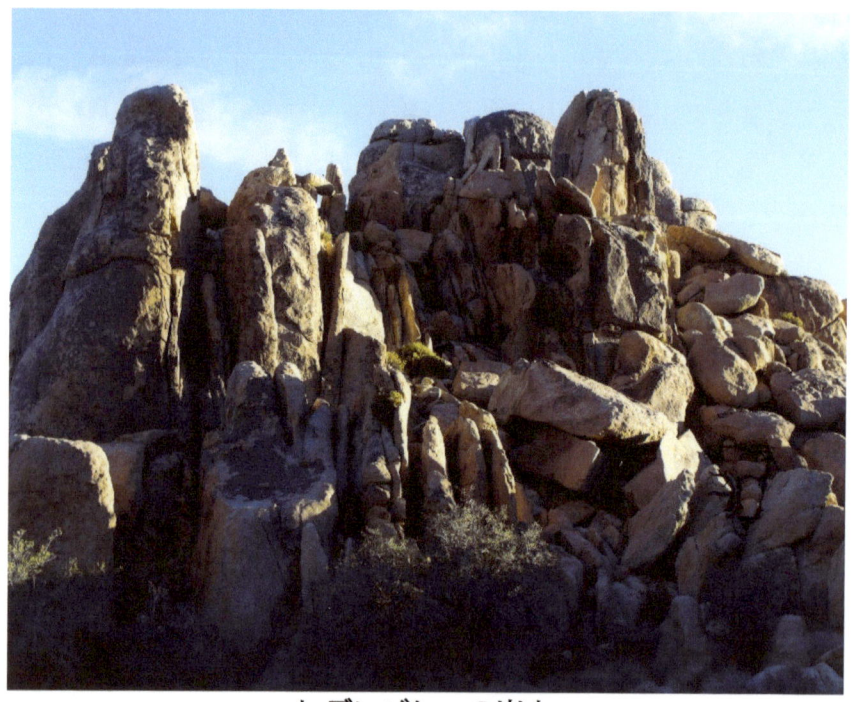

ヒデンバレーの岩山

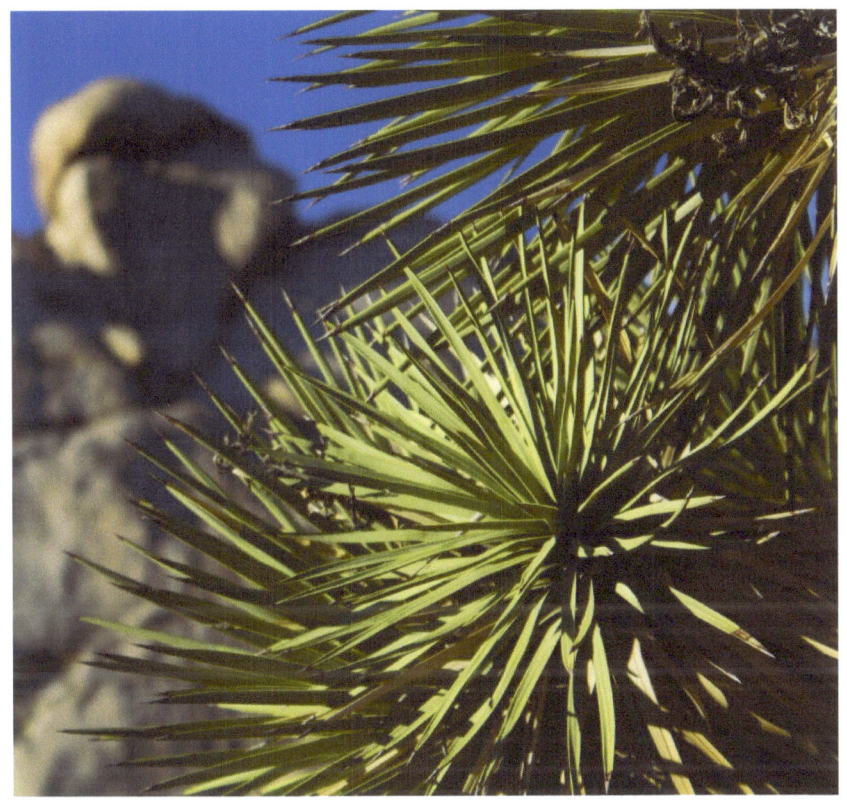

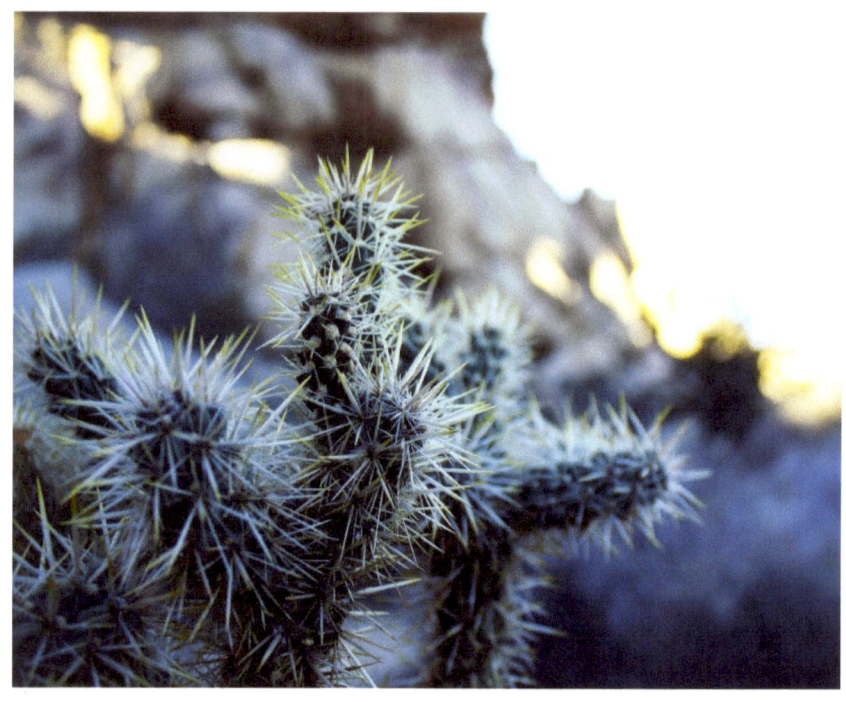

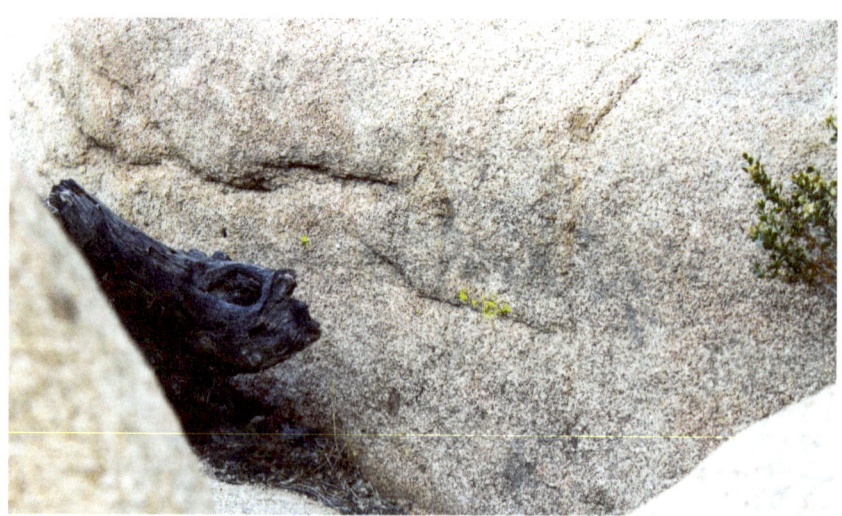

顔に見える木の枝

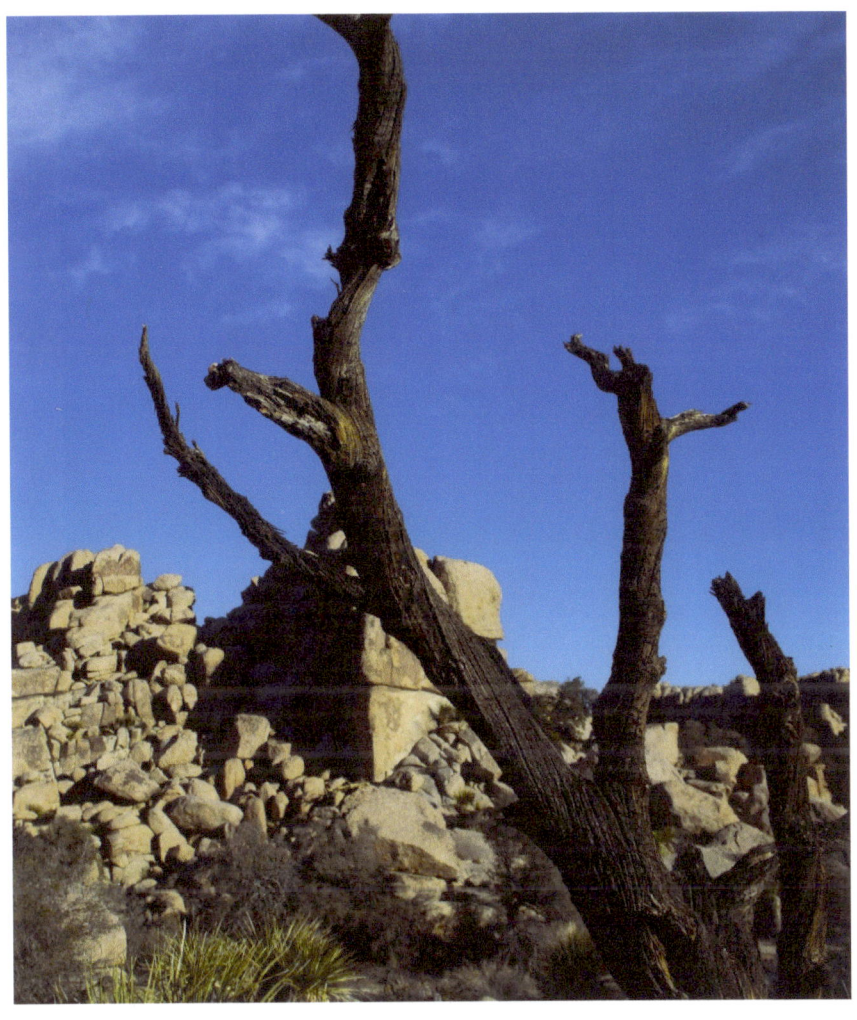

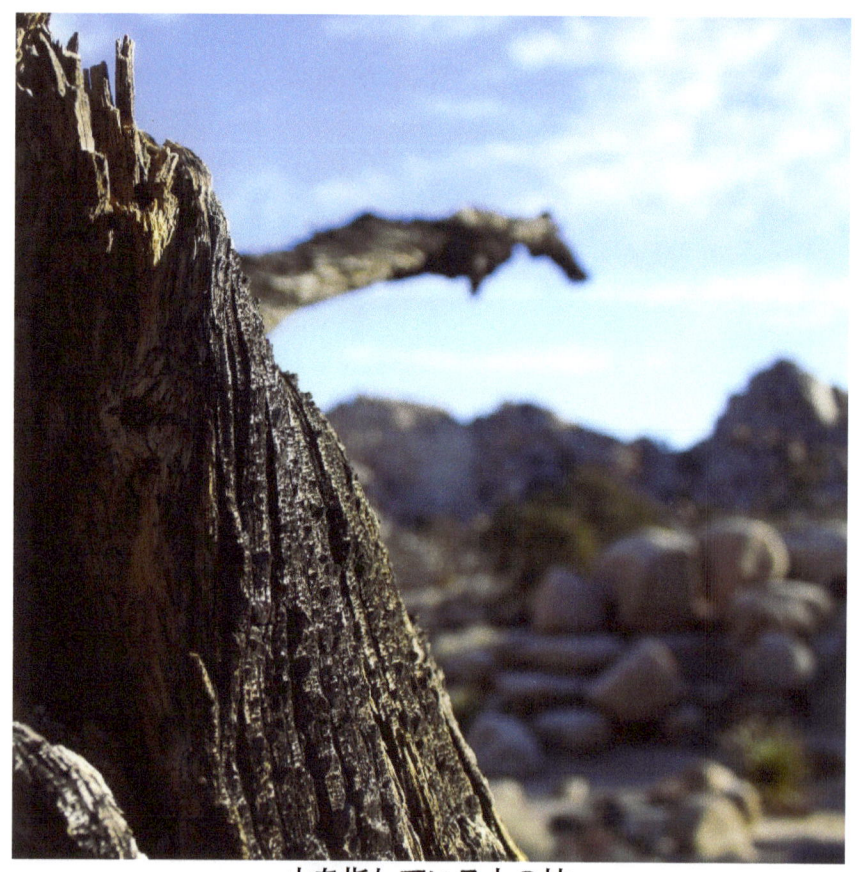

山を指している木の枝

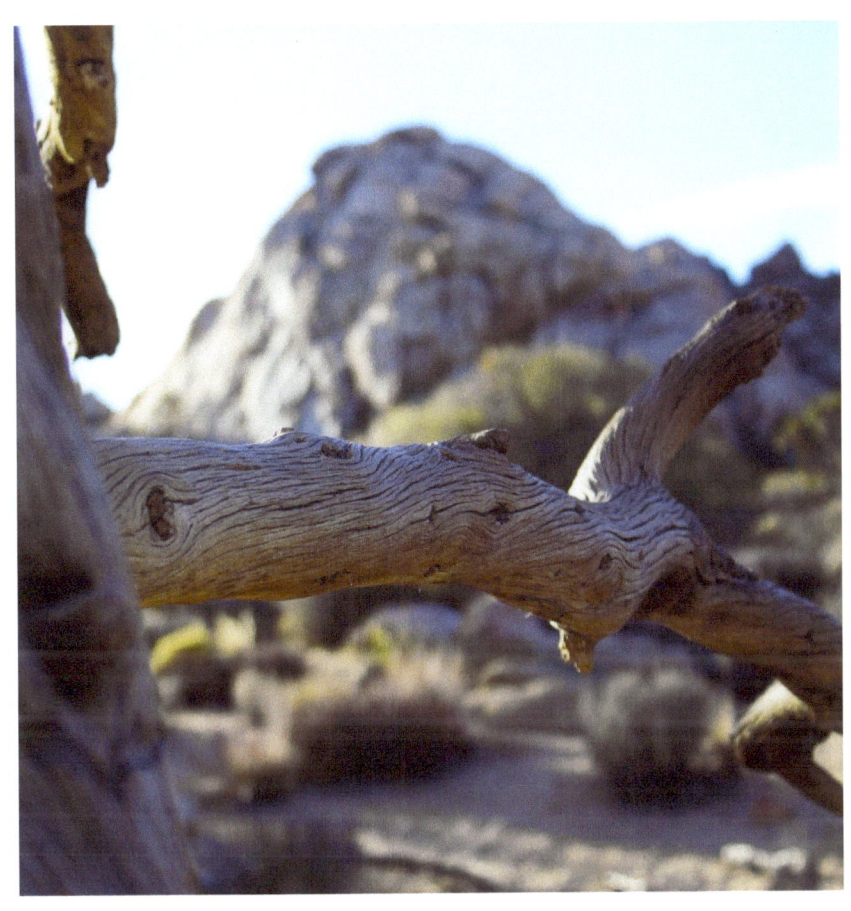

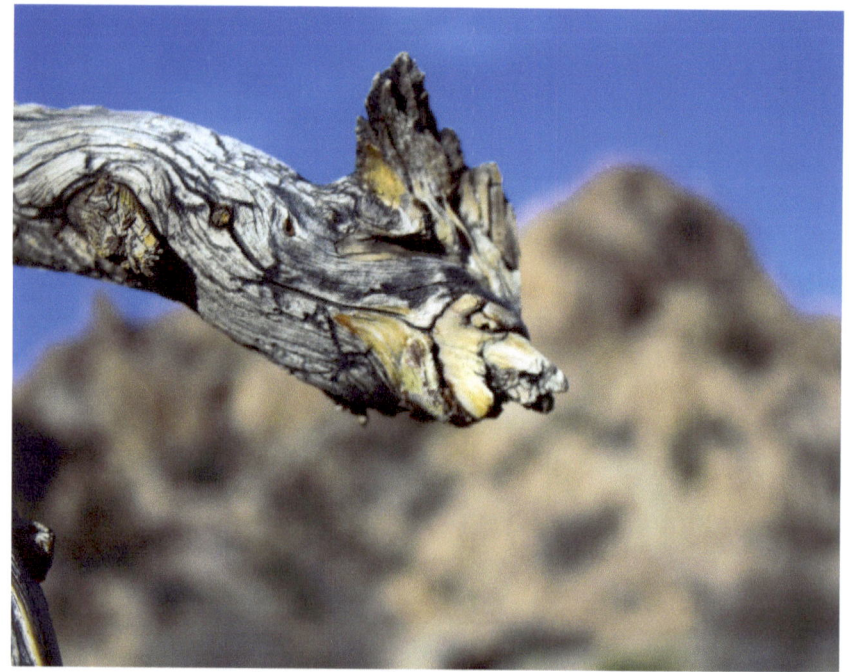

オオカミの顔に見える木の枝

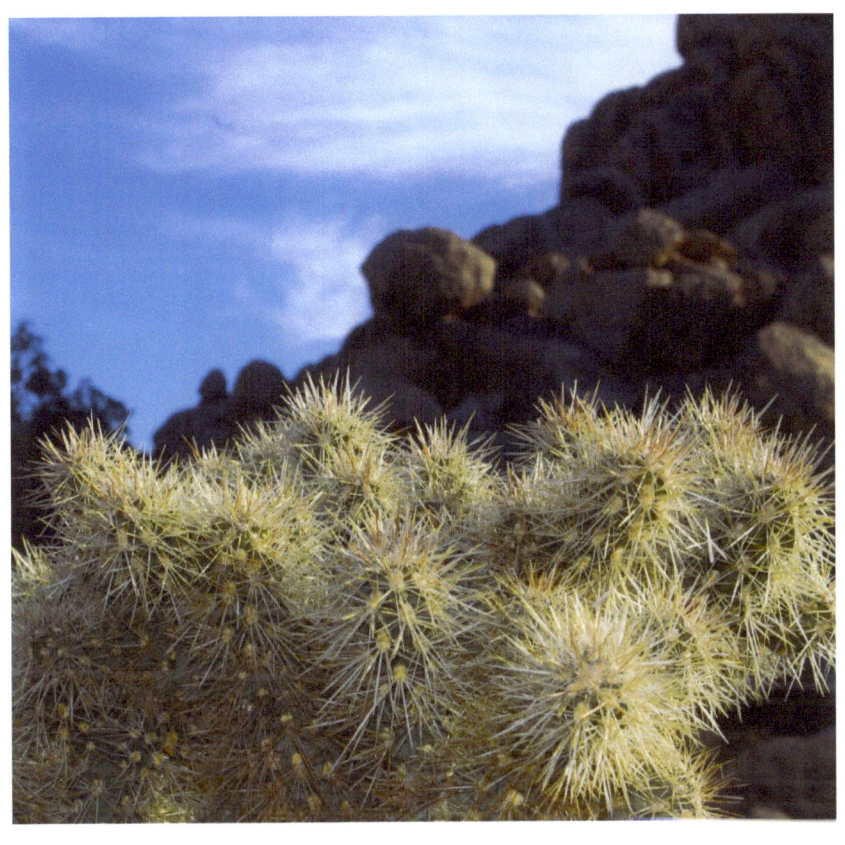

ジョシュワツリー国立公園

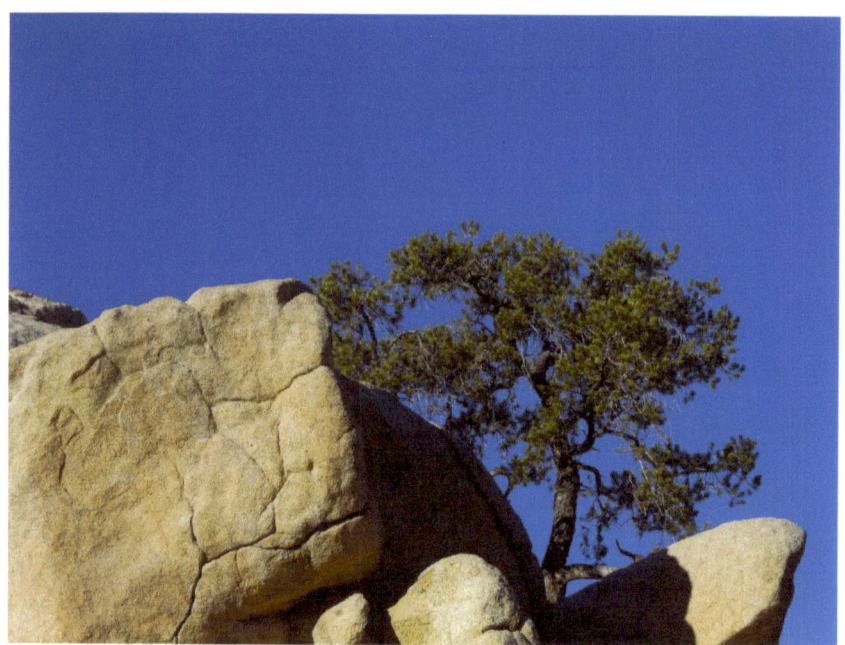

木を抱きしめてる岩

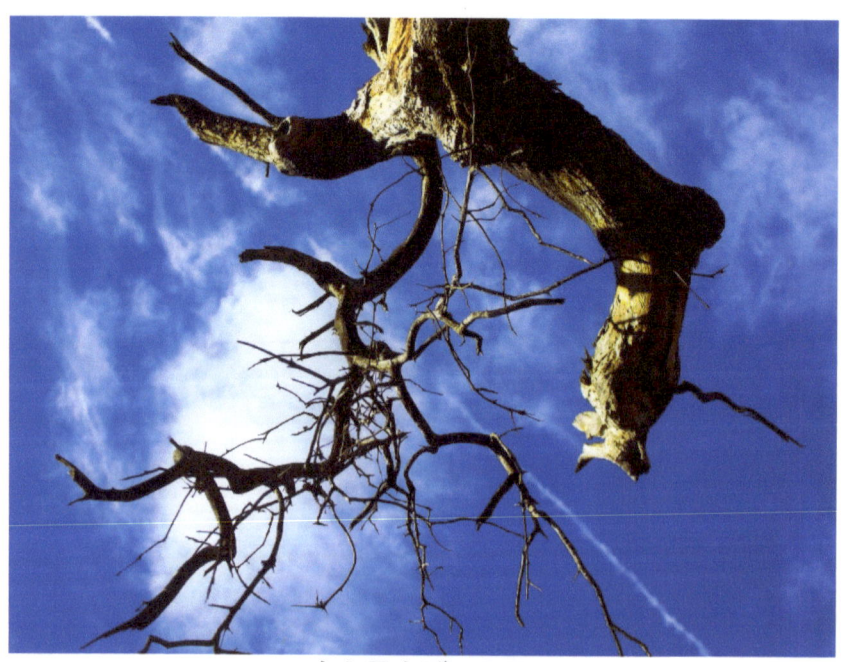

木を見上げてみる

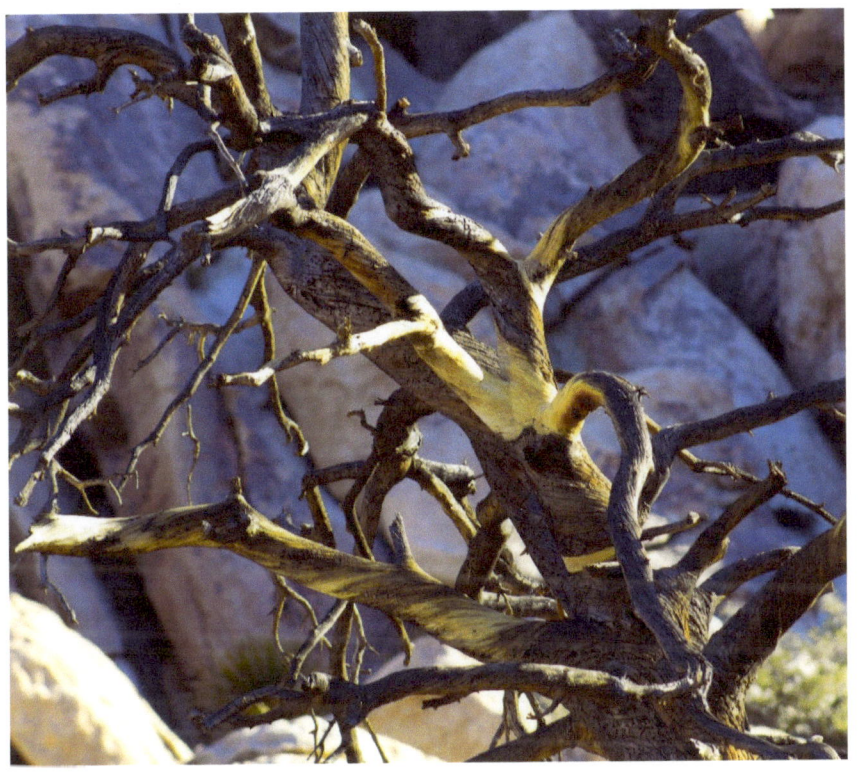

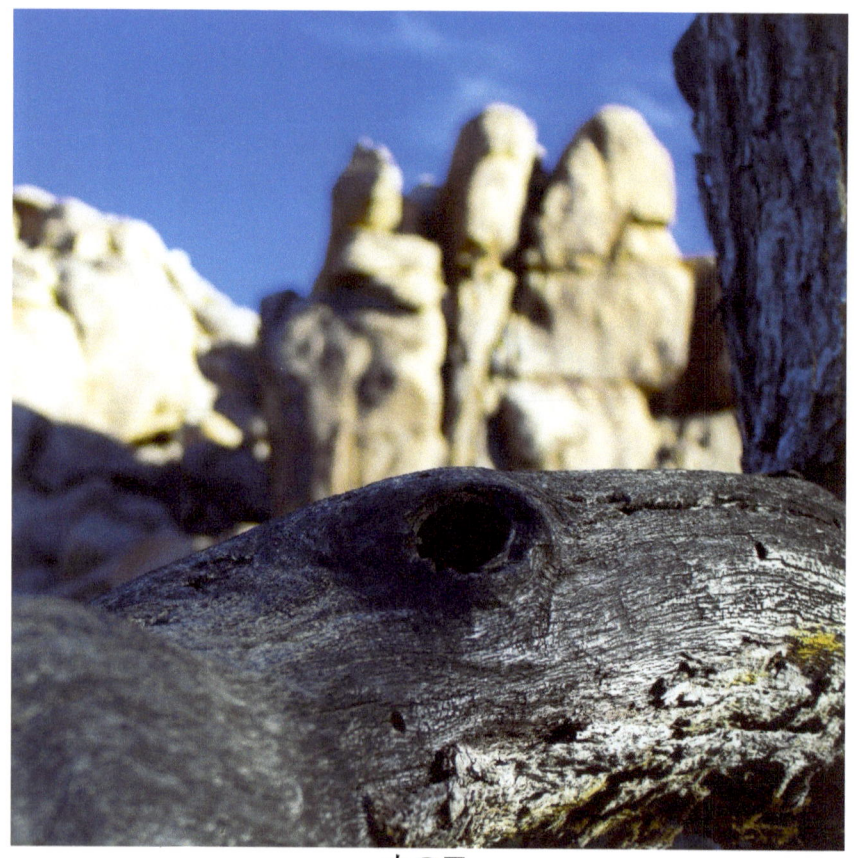

木の目

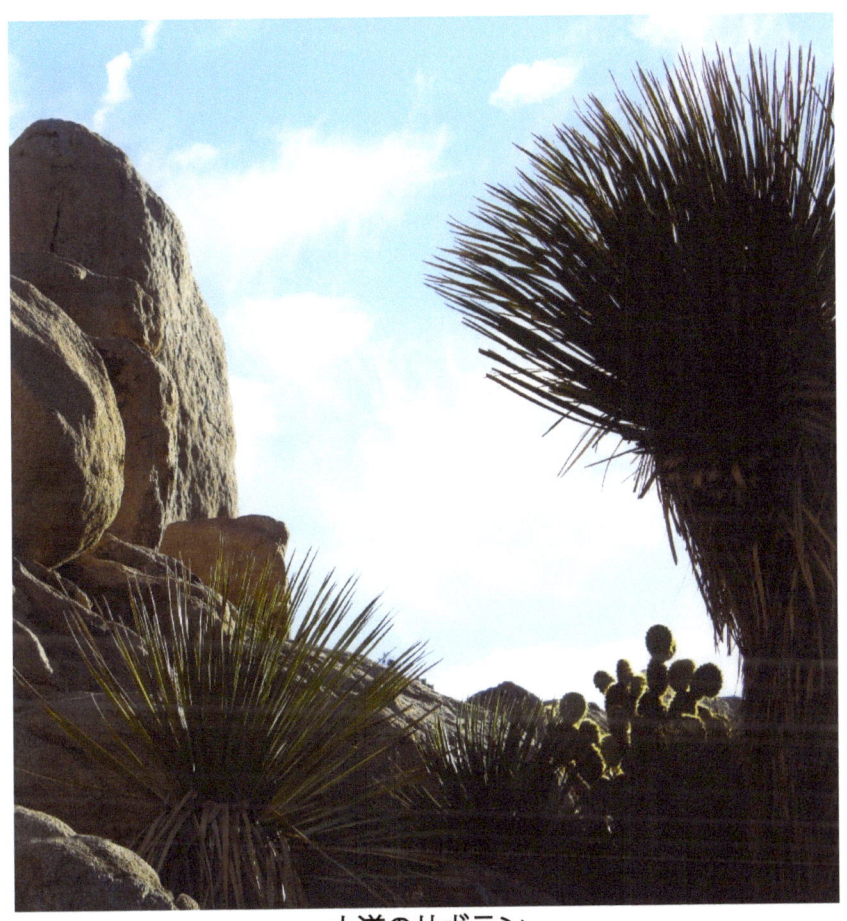

山道のサボテン

ジョシュワツリー国立公園

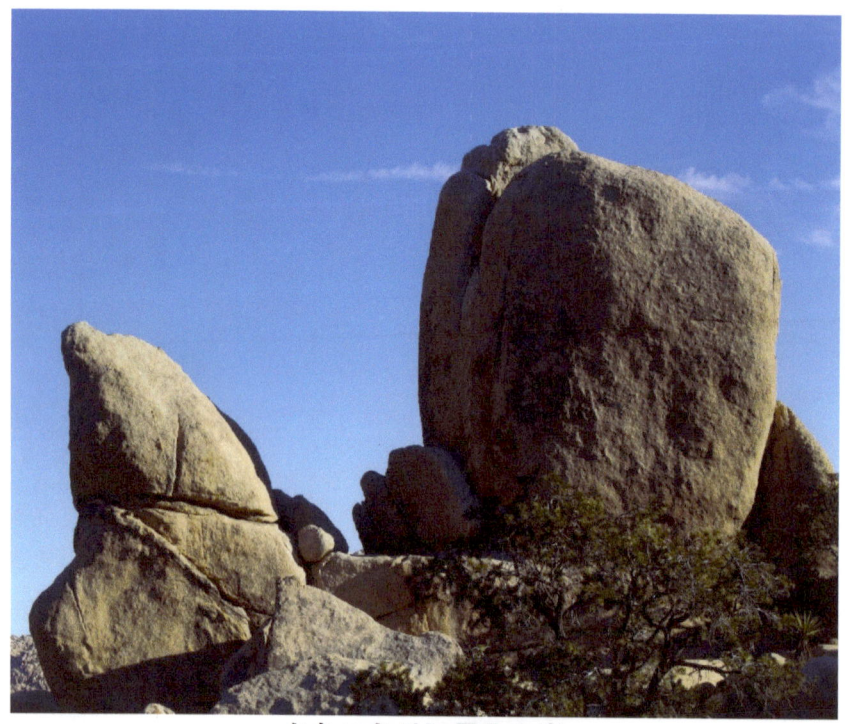

かたつむりに見える岩

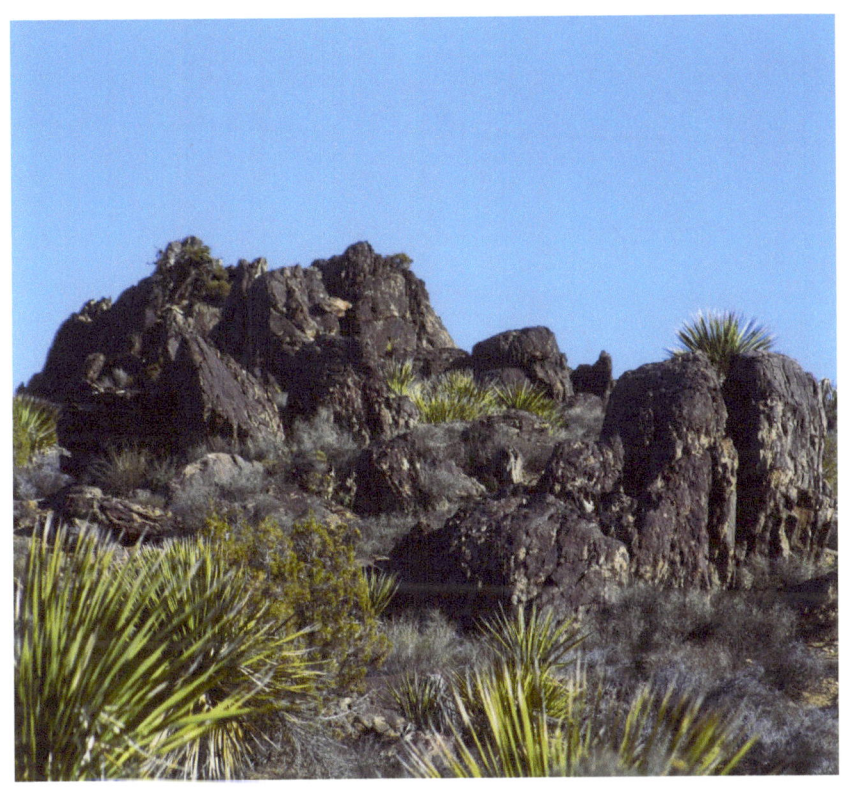

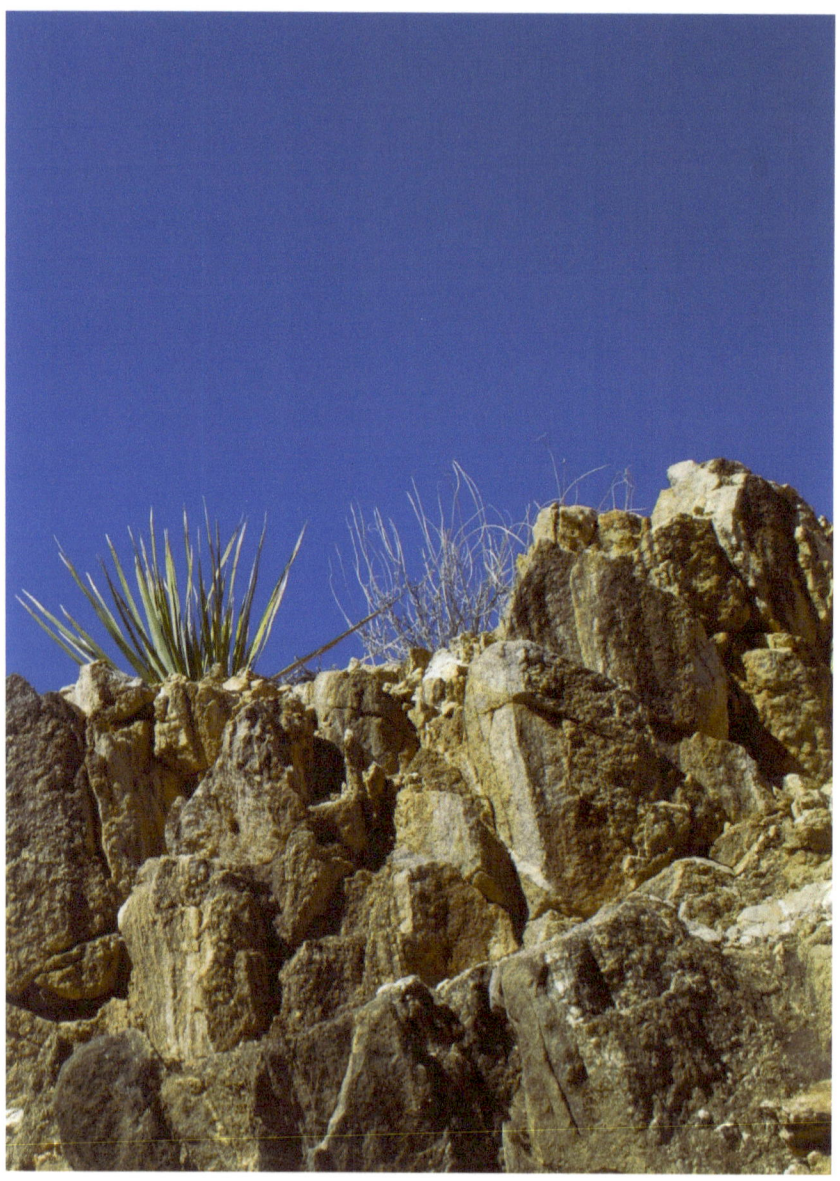

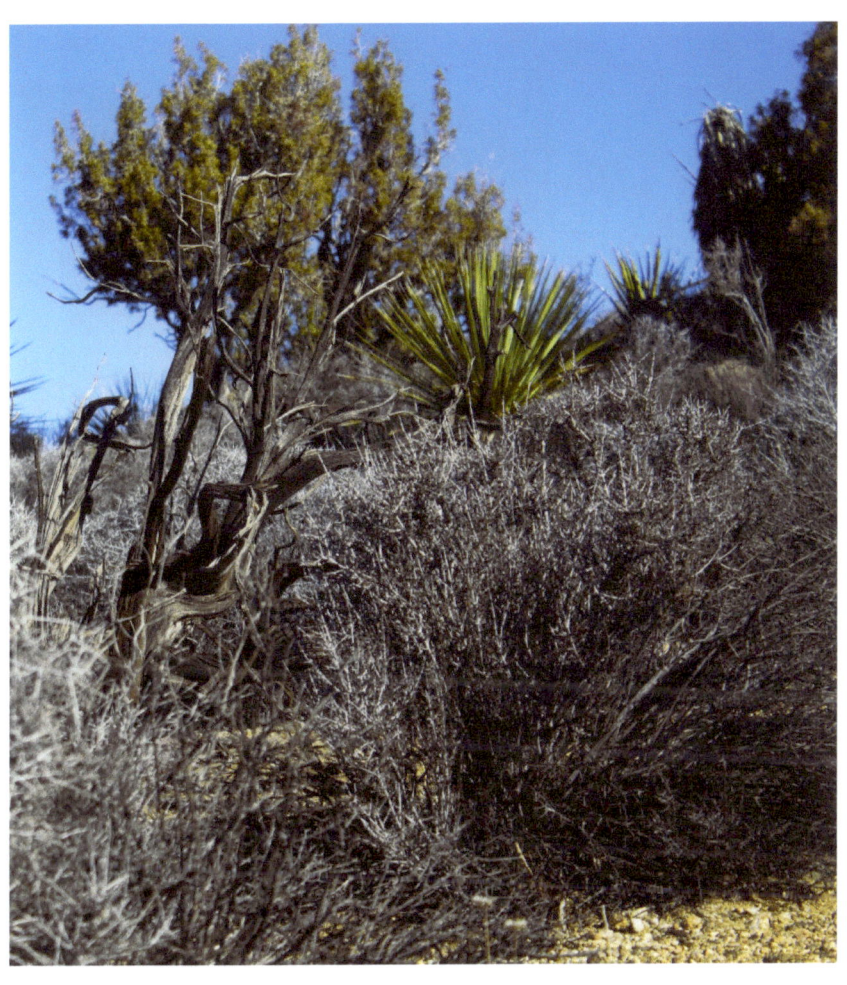

ジョシュワツリー国立公園

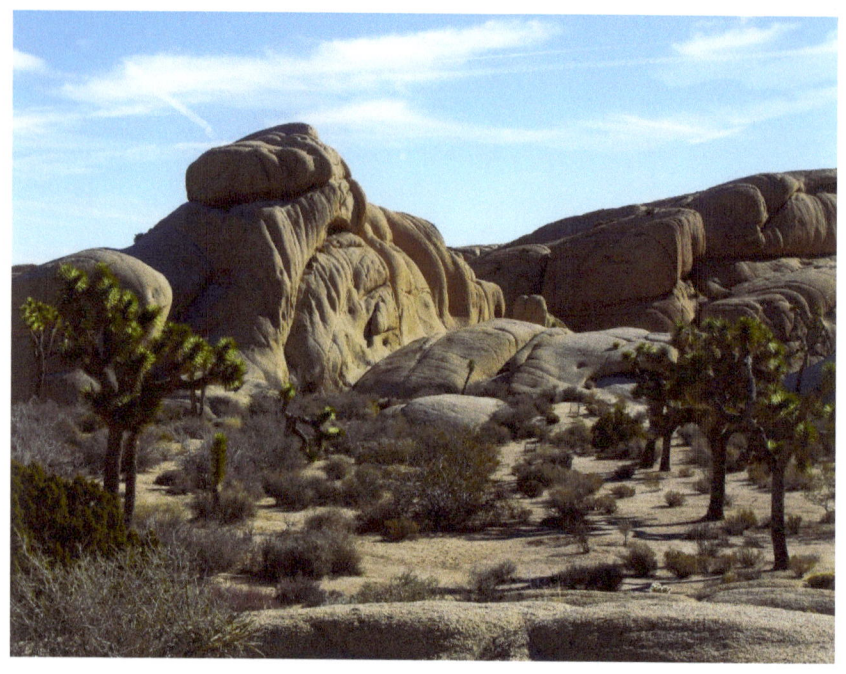

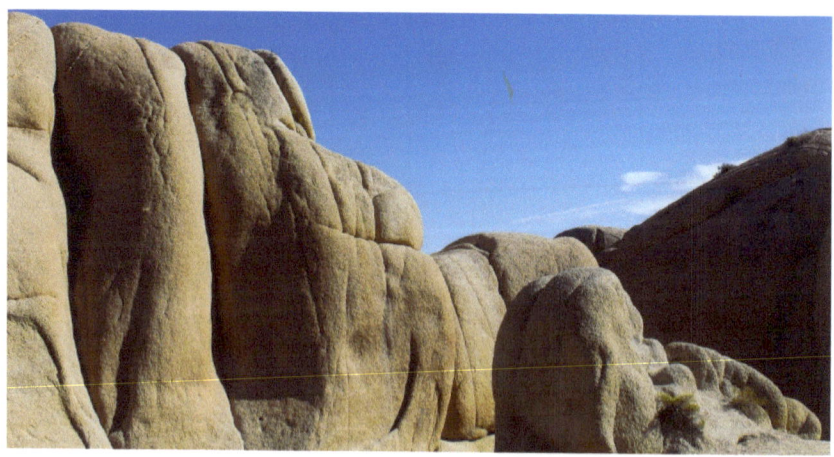

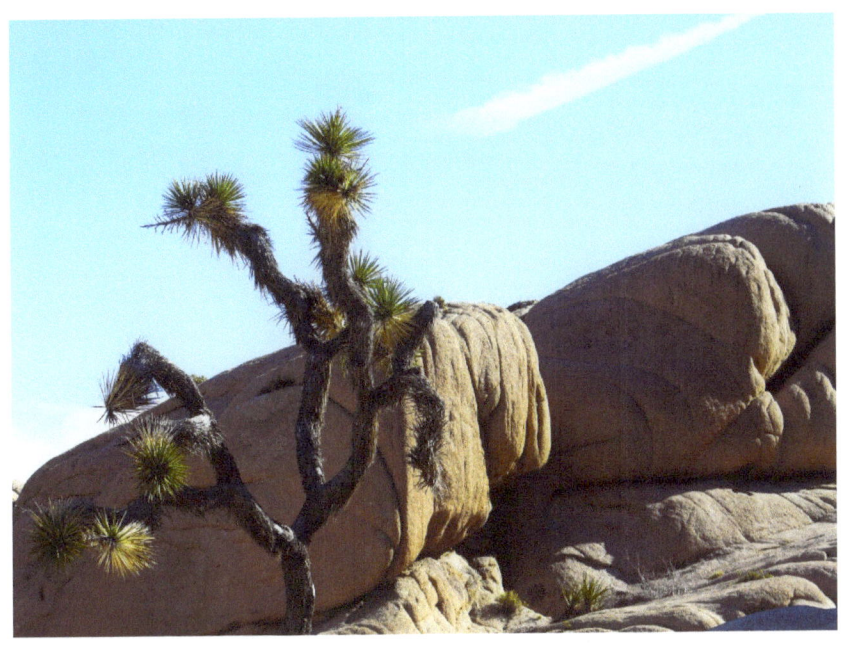

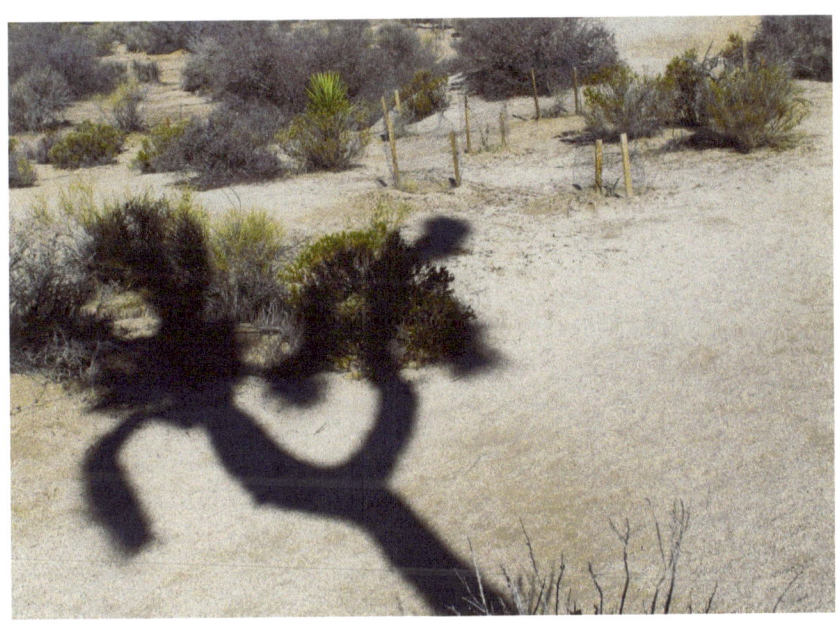

ジョシュワツリー国立公園

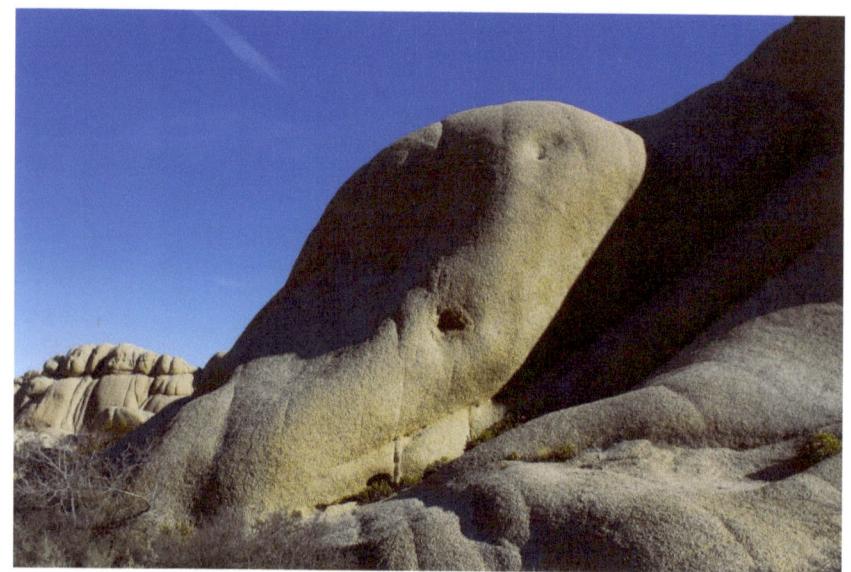

蛇の頭に見える岩

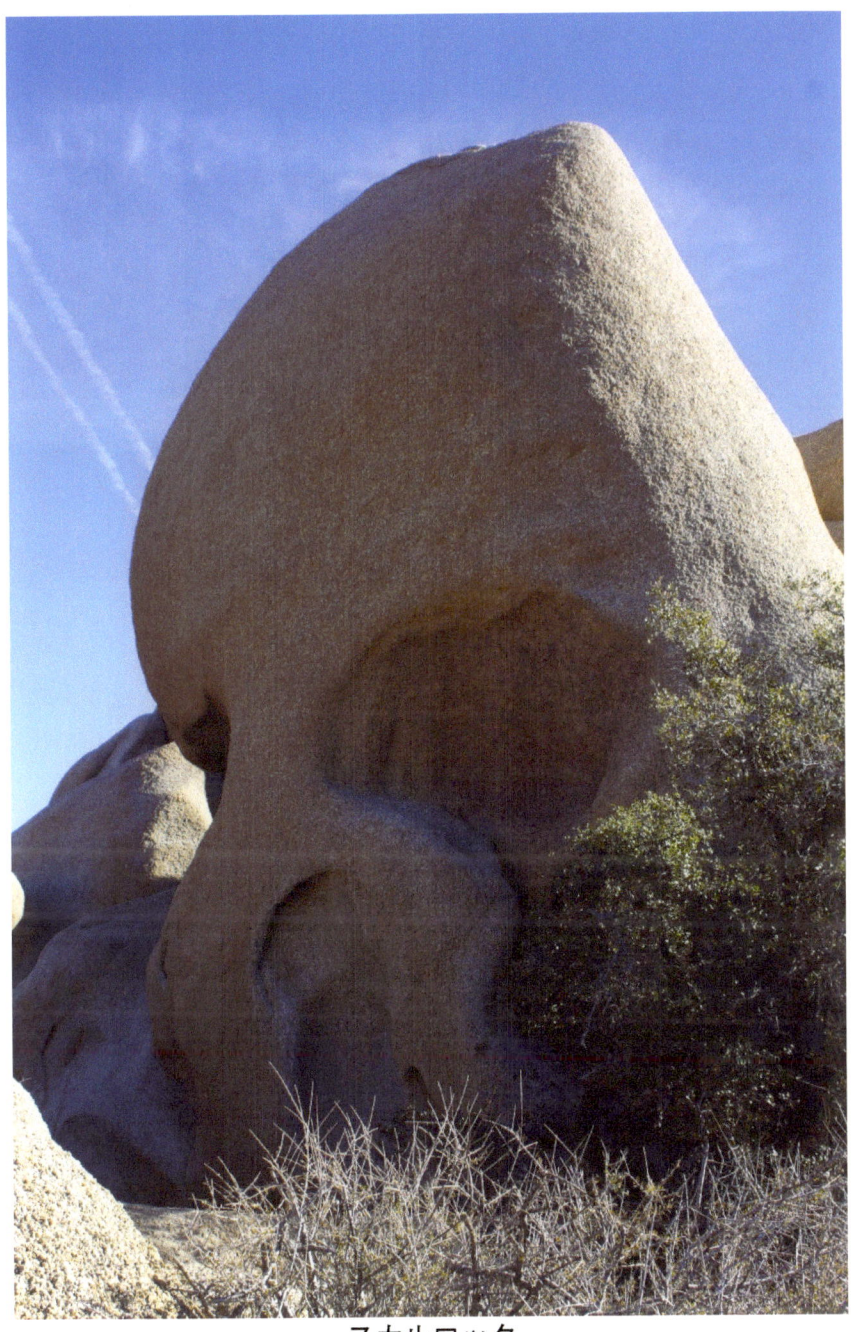

スカルロック

ジョシュワツリー国立公園

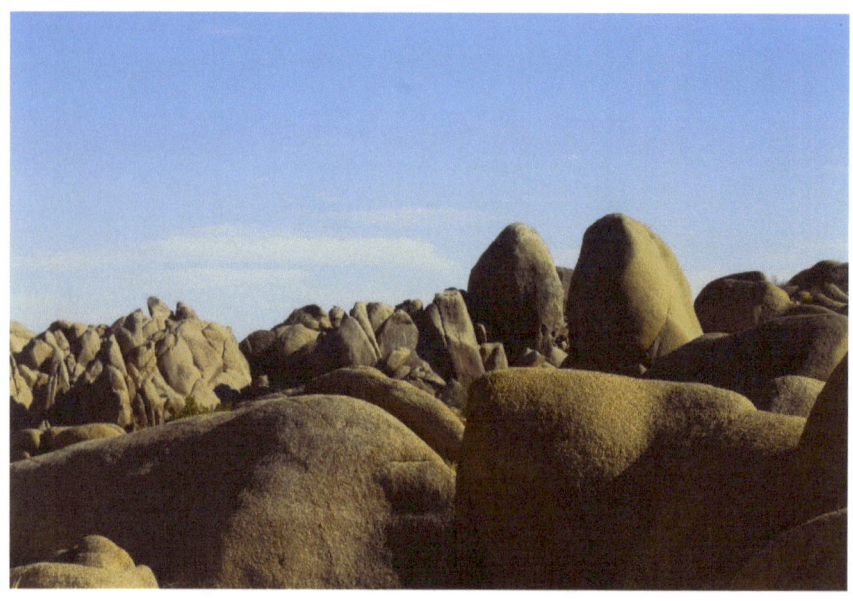

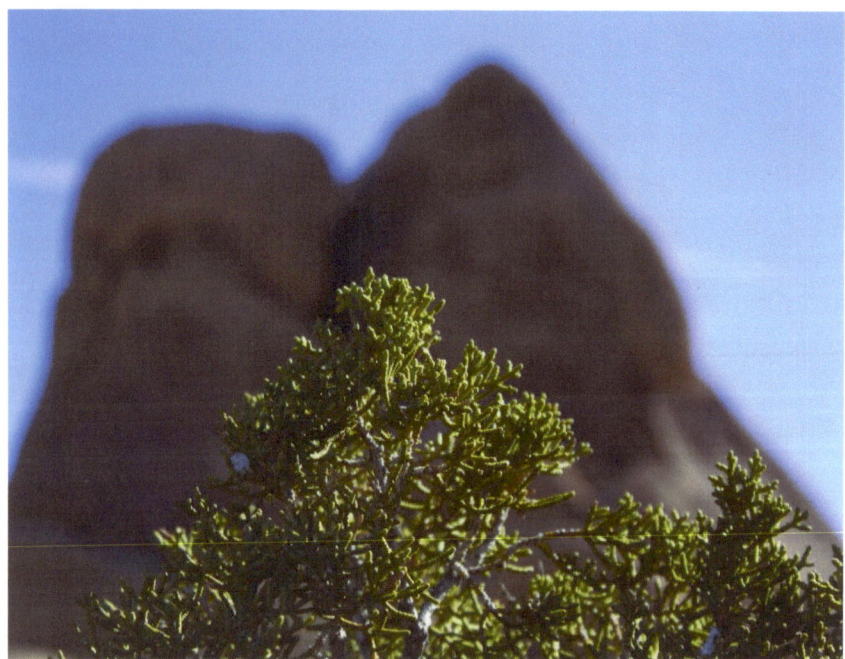

山に見える木

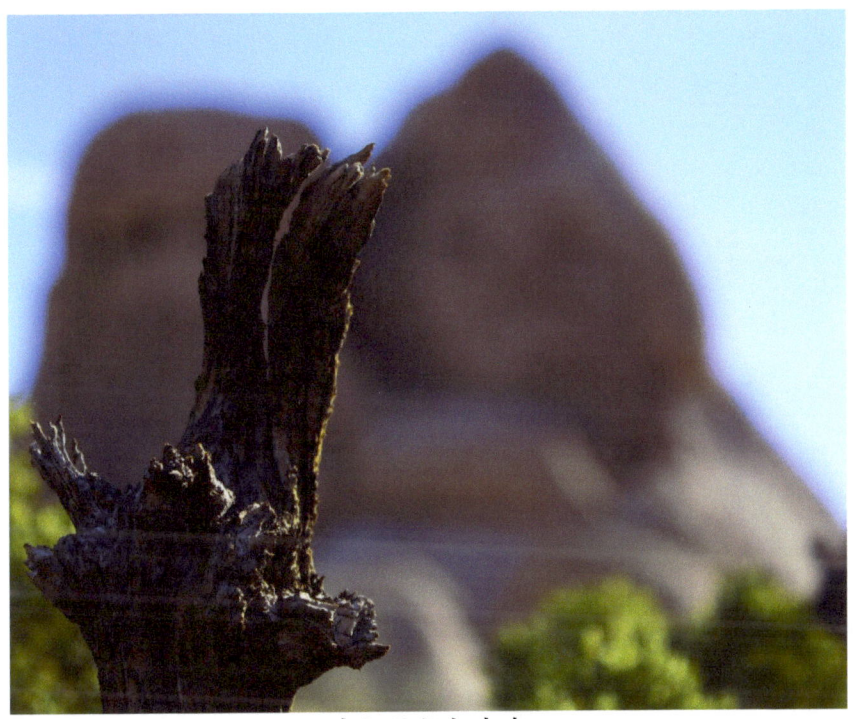

寂しそうな古木

ジョシュワツリー国立公園

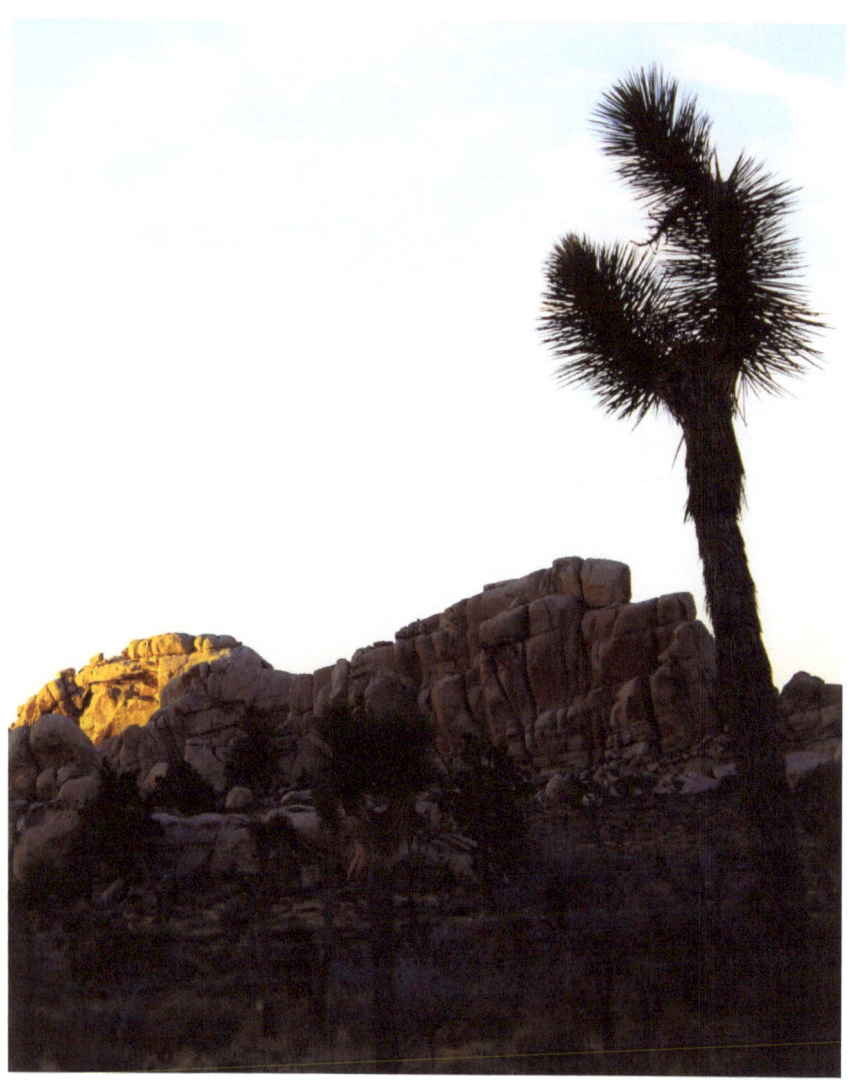

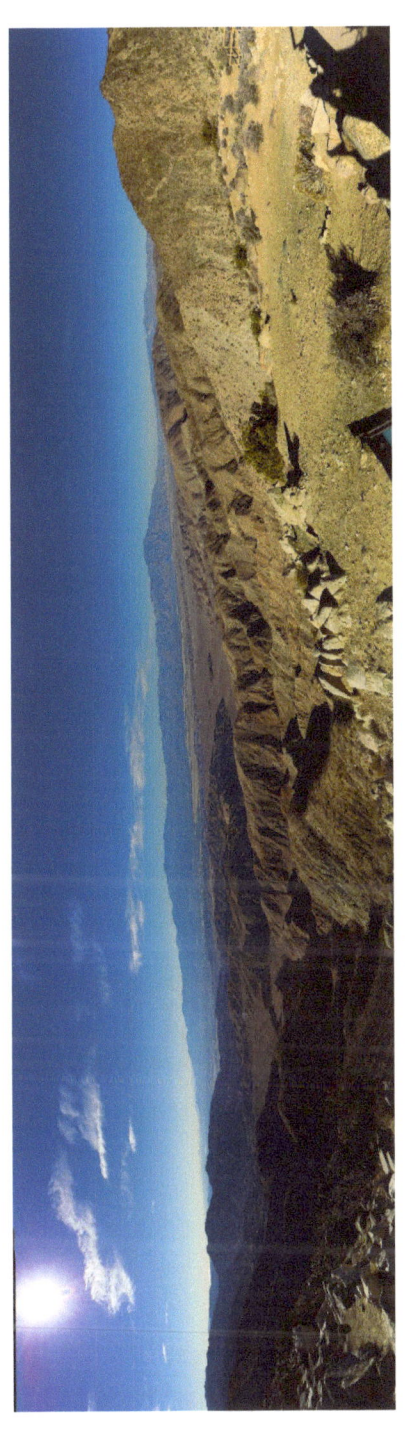

キーズビュー

ソルトン湖

世界で最も大きい内陸湖の一つで、海抜マイナス 69.19 メートル。大きさは、横 24.14 キロメートル、縦 56.33 キロメートル、平均の深さ 9.14 メートル。1905 年コロラド川の水をインペリアル渓谷の農業用水として引き、農地から出る水をソルトン盆地へ流したものの、まもなく用水路は氾濫し、堤防が作られるまでの 18 ヶ月間流れ続けて、ソルトン湖が誕生しました。塩分濃度は太平洋より高く、多くの魚類が生息できなくなっています。

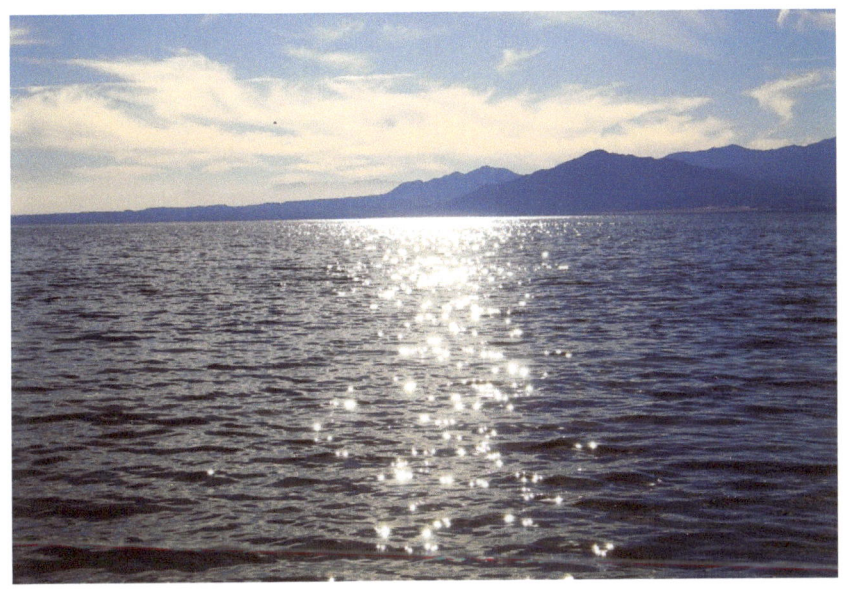

岸辺がたくさんの魚の死骸で埋め尽くされた大きな湖。なんて不気味な場所なんだろうと、興味がわいてネットで色々調べました。遠くからは白くて美しく見えた海岸は、実は砂浜ではなくて、この湖の強い塩分で命を落とした幾千の魚たちの骨でできた海岸でした。岸辺を歩くと、サクッと柔らかく、砂浜と砂利道の中間の

ソルトン湖

ような感じで、足が取られて不思議な感じでした。無数の魚の死骸の光景とそれが放つものすごい悪臭は決して忘れられません。

ソルトン湖に行く前は意外と変な場所だと思っていた。なぜなら、大きな湖の湖畔で死んでる魚がいるからだ。この湖のことをもっと詳しく知りたくて、ネットでもっとリサーチをしてみた。海岸を実際歩いてみて変な気分だった。砂ではなく、柔らかくて、足が沈んでしまうような感じだった。死んでる魚を見てものすごい悪臭がしてなんだか面白いと思った。

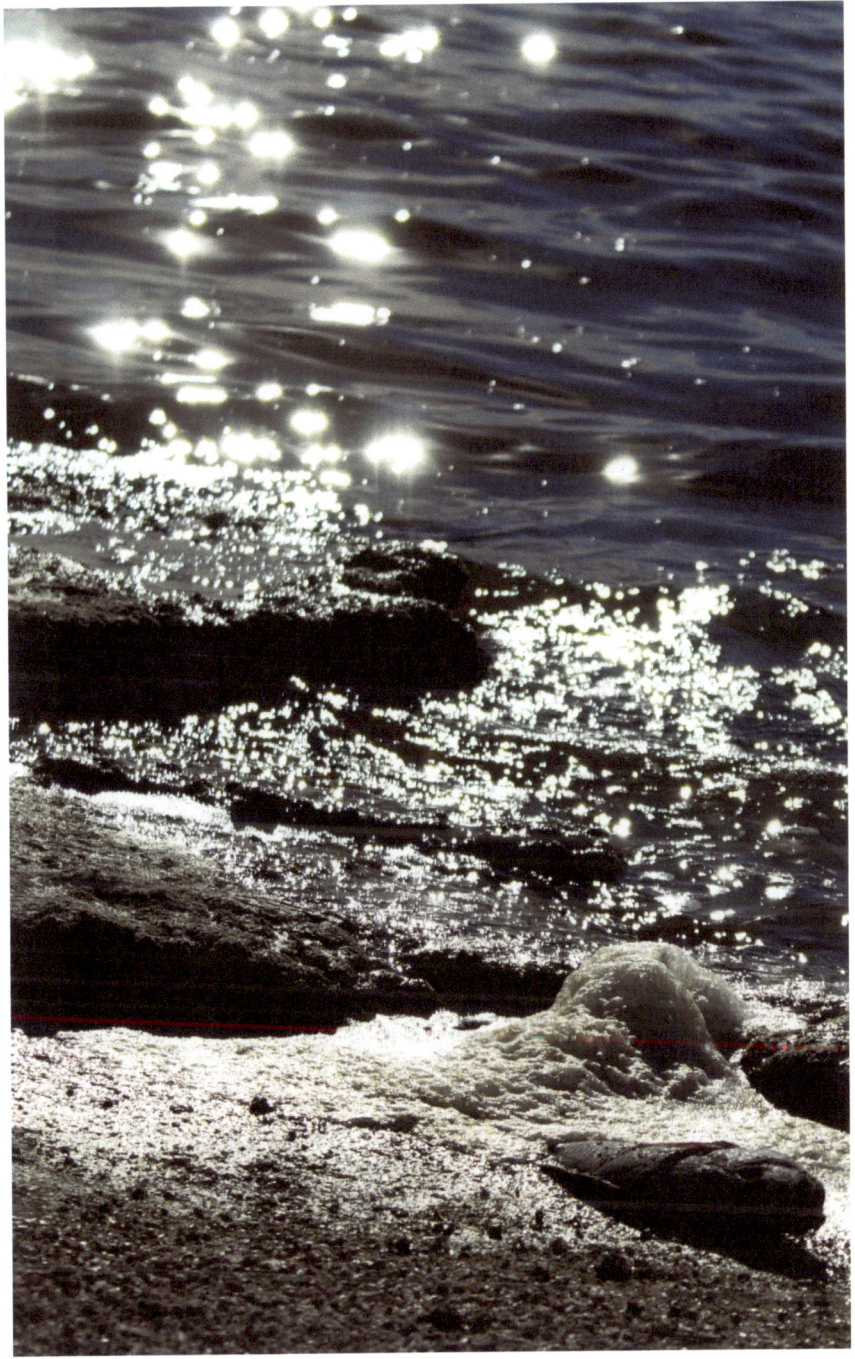

ソルトン湖

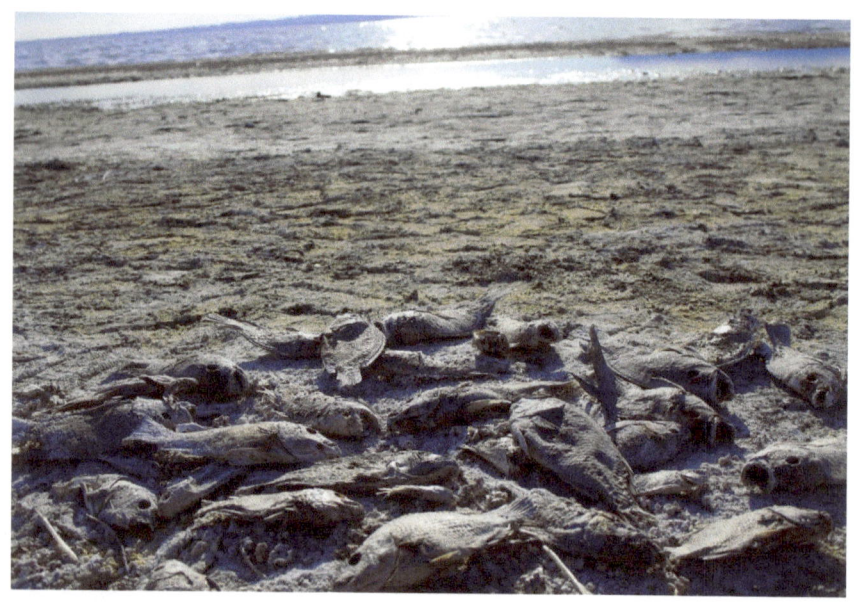

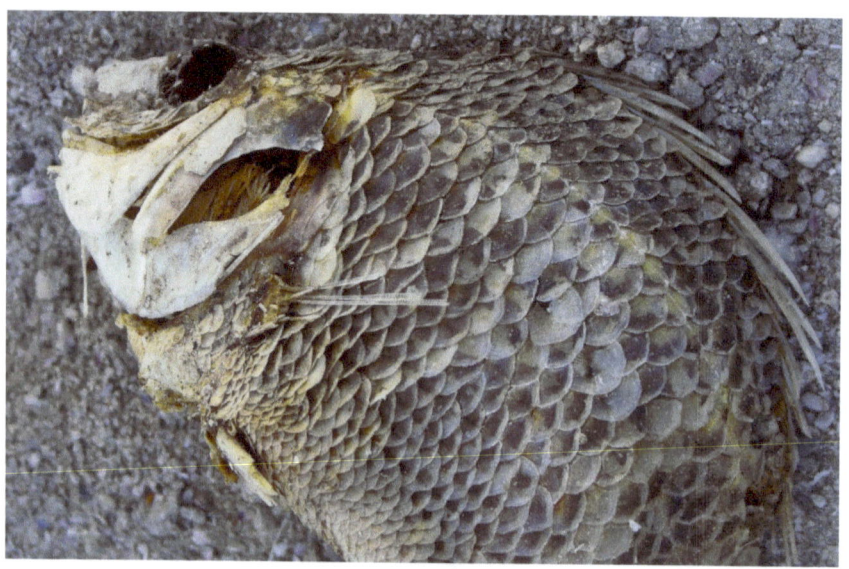

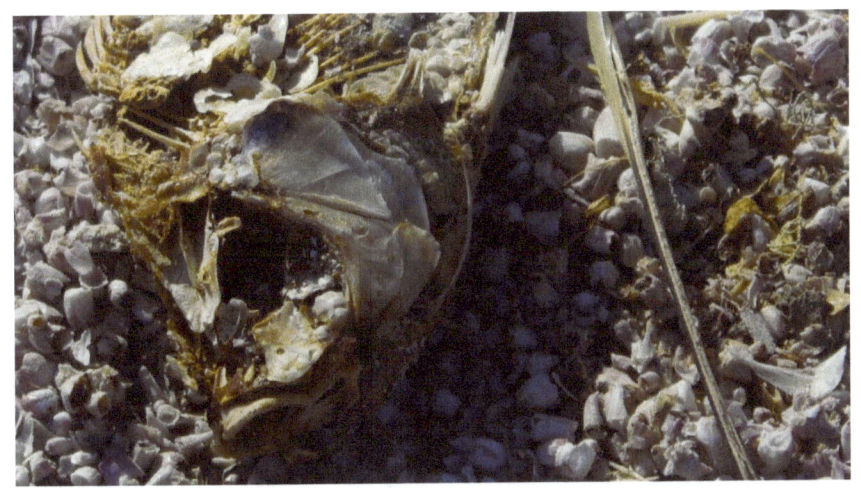

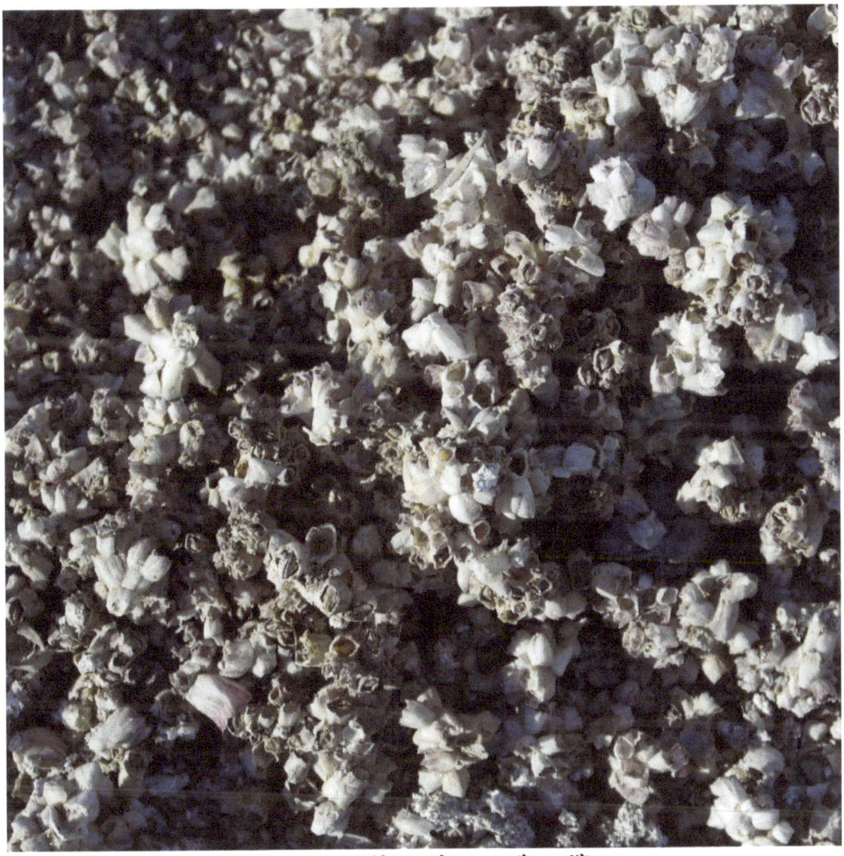

ソルトン湖の岸 (フジツボ)

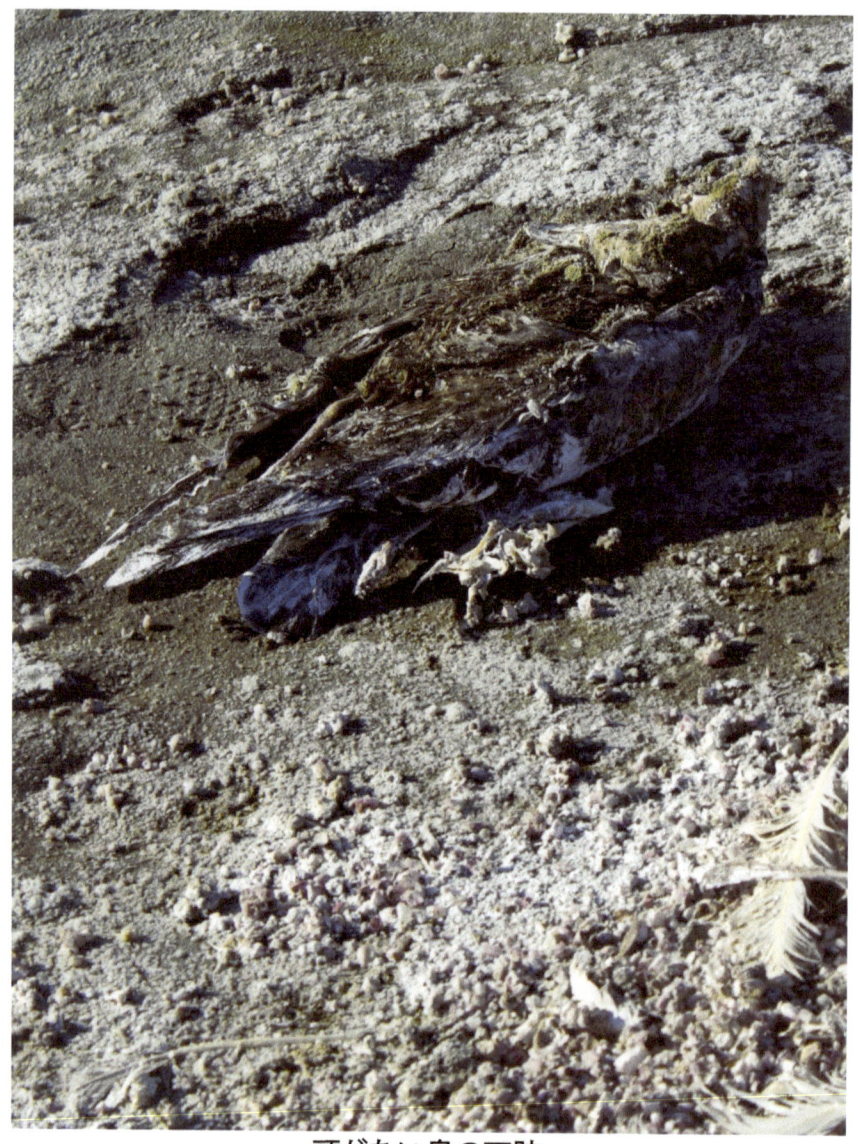

頭がない鳥の死骸

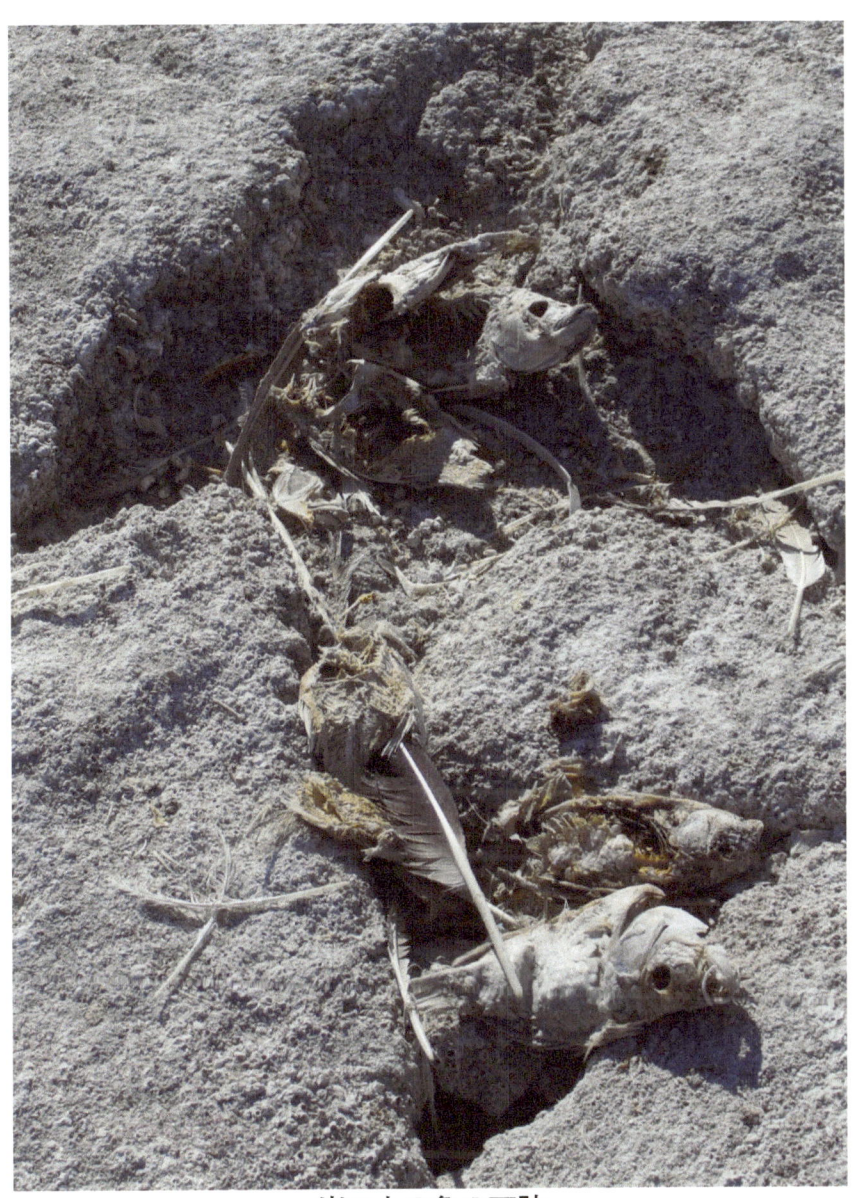

岩の上の魚の死骸

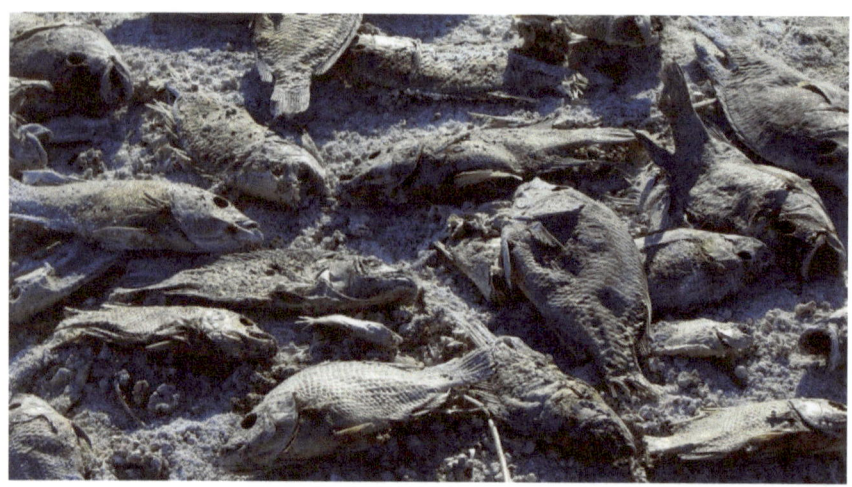

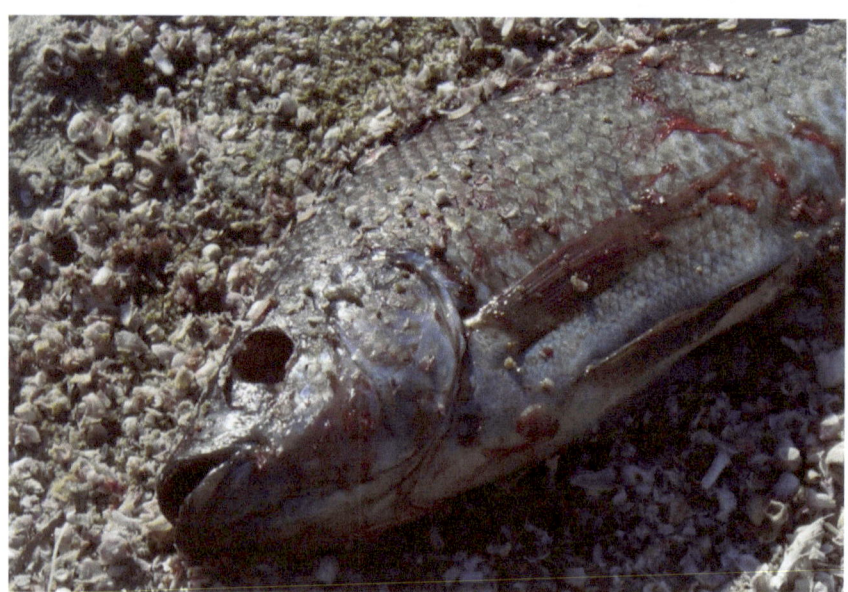

目玉を鳥に食べられた魚の死骸

サルベーションマウンテン

サルベーションマウンテンはコロラド砂漠、パームスプリングスの南東 130 キロメートルのところにあります。砂質粘土とわらで作られた山で、キリストの言葉や聖書の一節をモチーフにしたアートが、山一面に描かれています。この山は、近所に住んでいたレナードナイトという人が造りました。

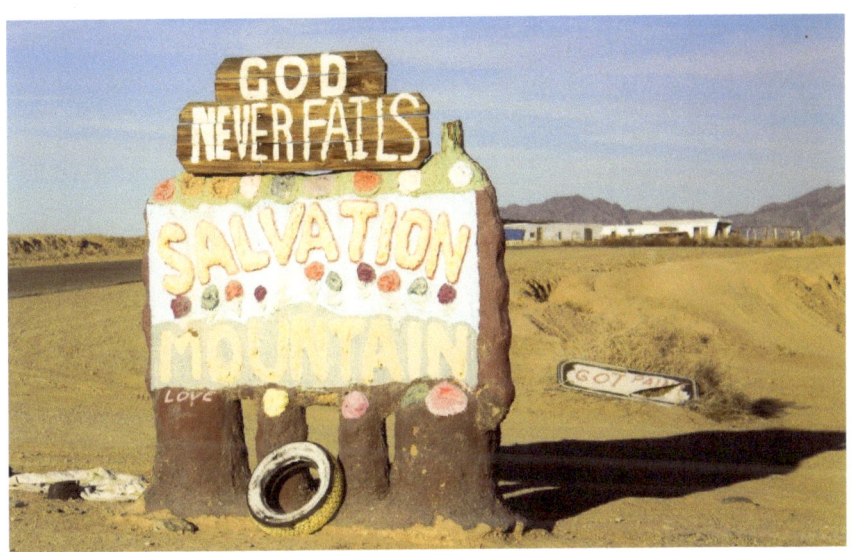

サルベーションマウンテンの入り口

ネットに上がっていた沢山の写真をみて、いつか行ってみたいとずっと思っていた所だったので、実際に行けてとても嬉しかったです。友達にも自慢して、羨ましがられました。独特な色使いとデザインが、何とも言えずかっこいいです。それで神様への愛を表現した彼の才能に感動しました。

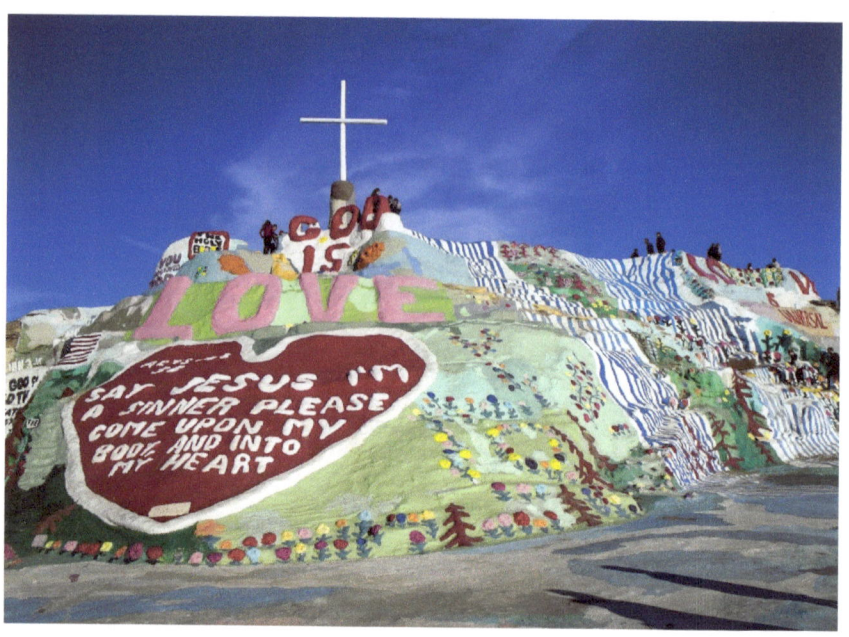

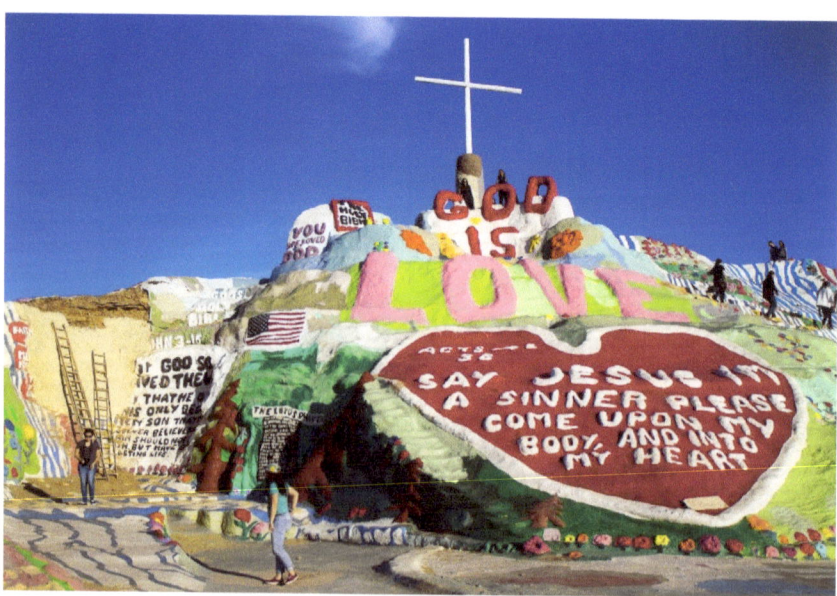

サルベーションマウンテン

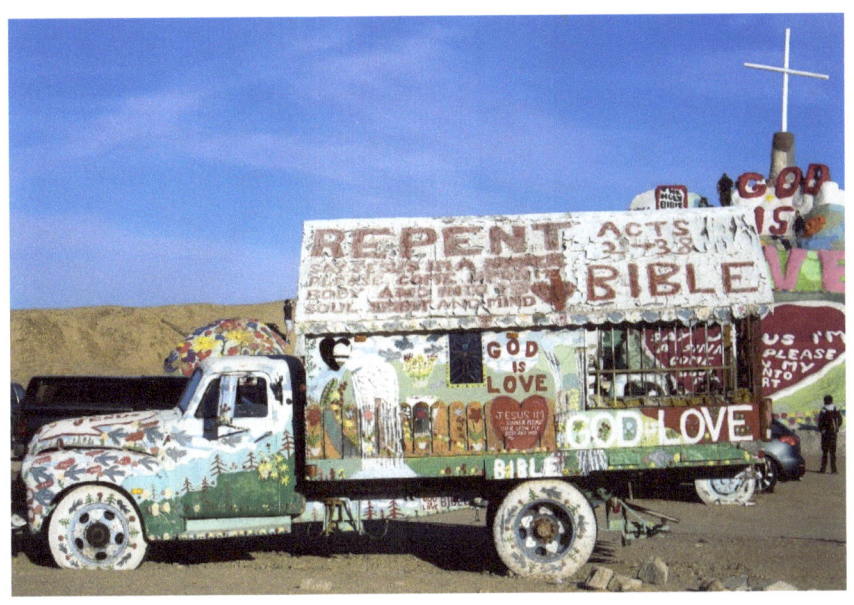

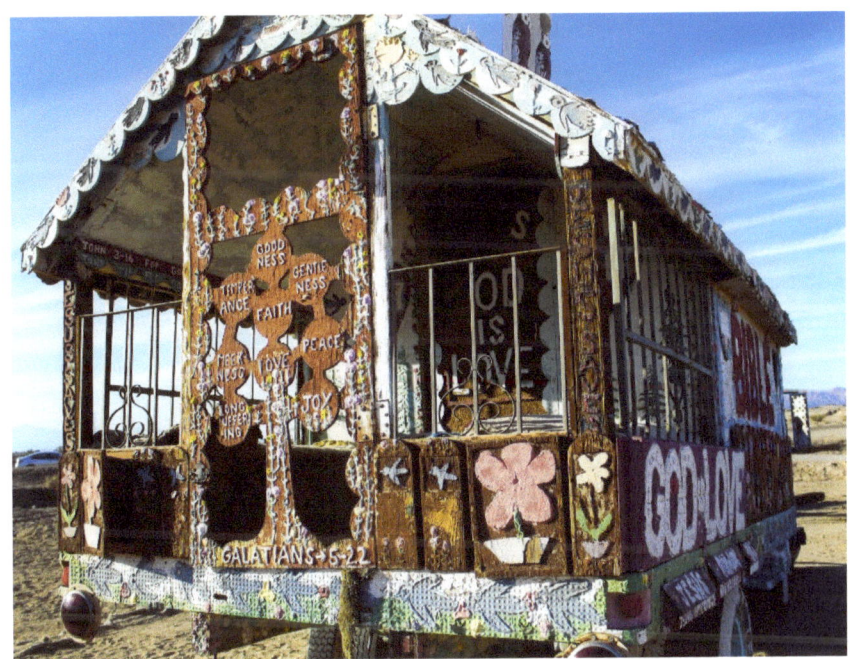

サルベーションマウンテンのトラック

サルベーションマウンテン

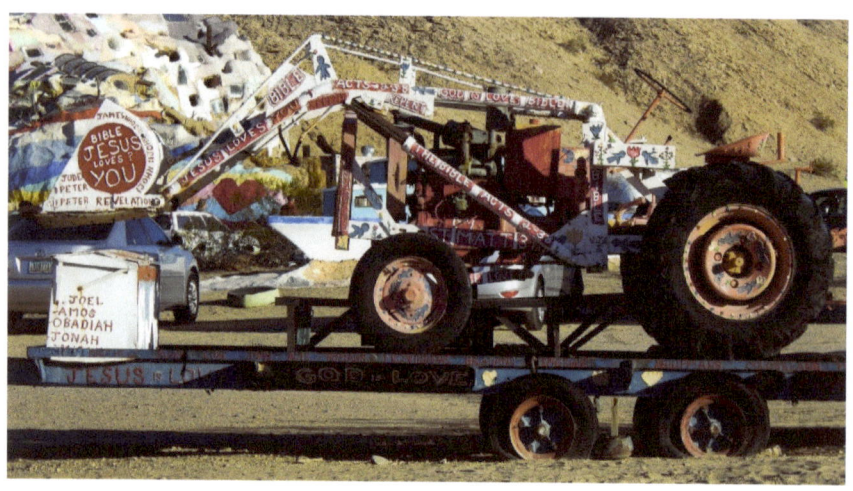

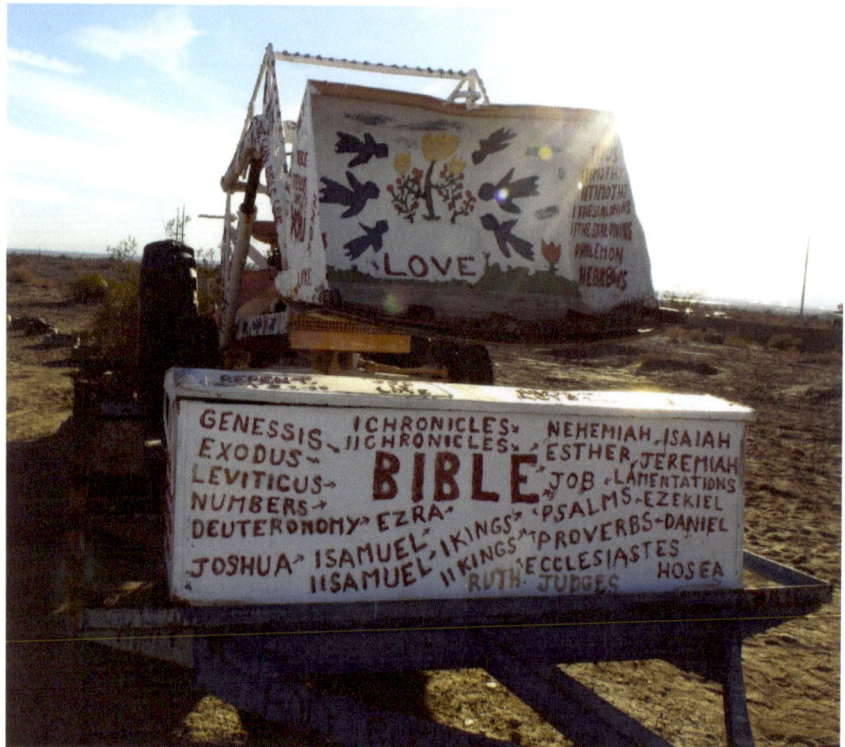

サルベーションマウンテンのトラクター

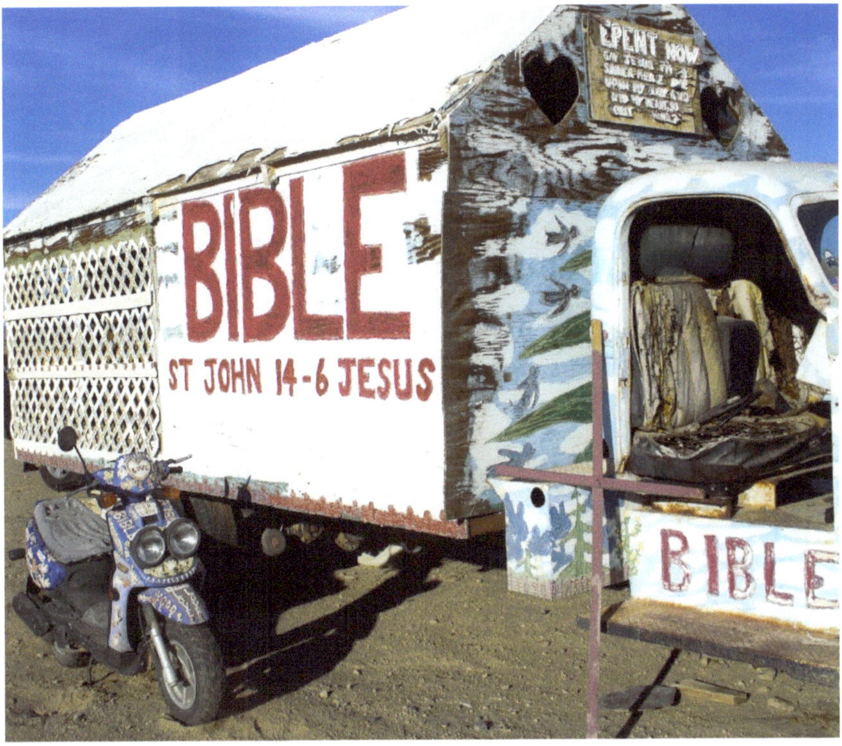

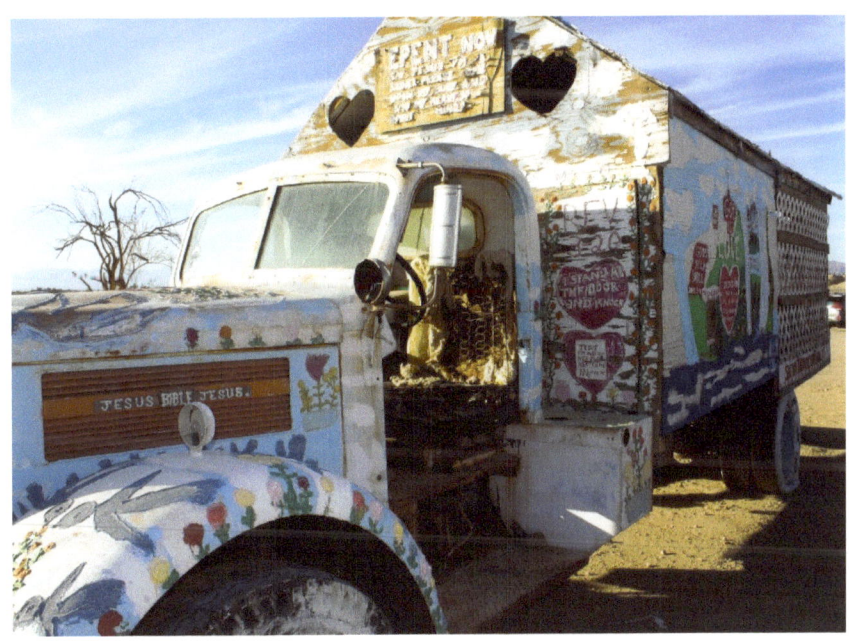

サルベーションマウンテン

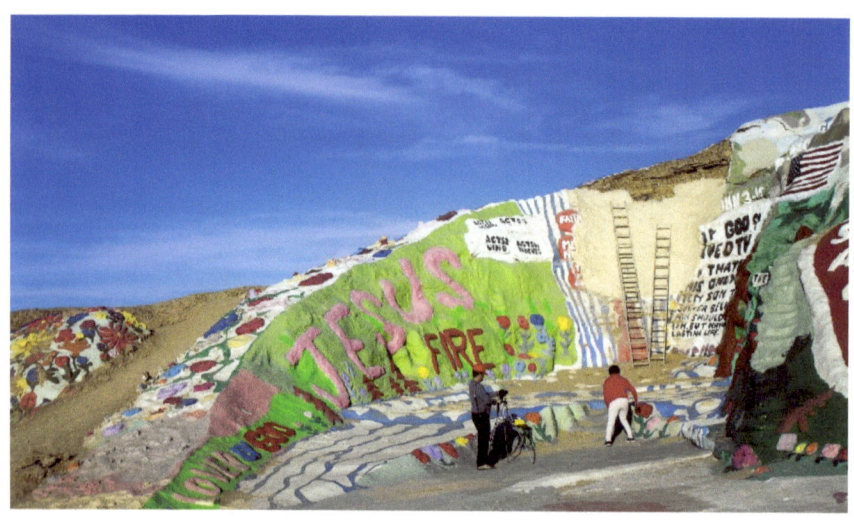

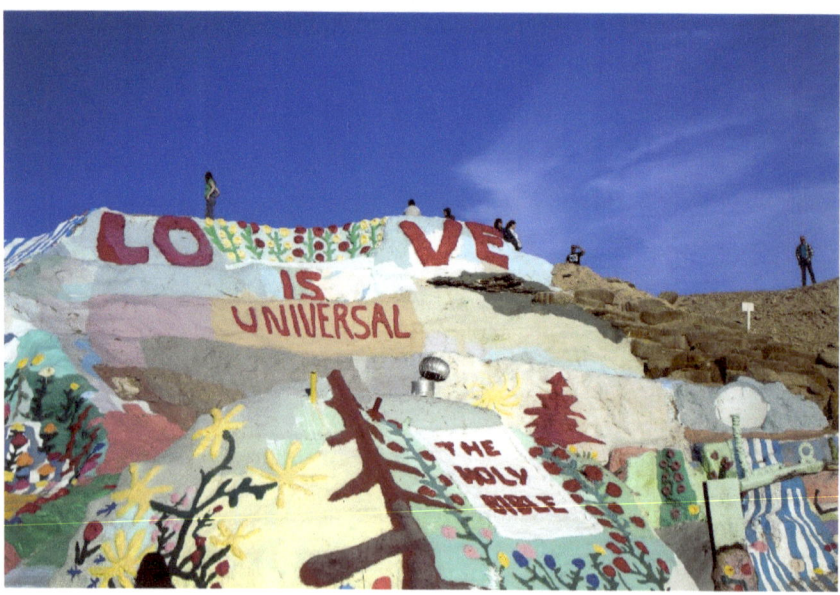

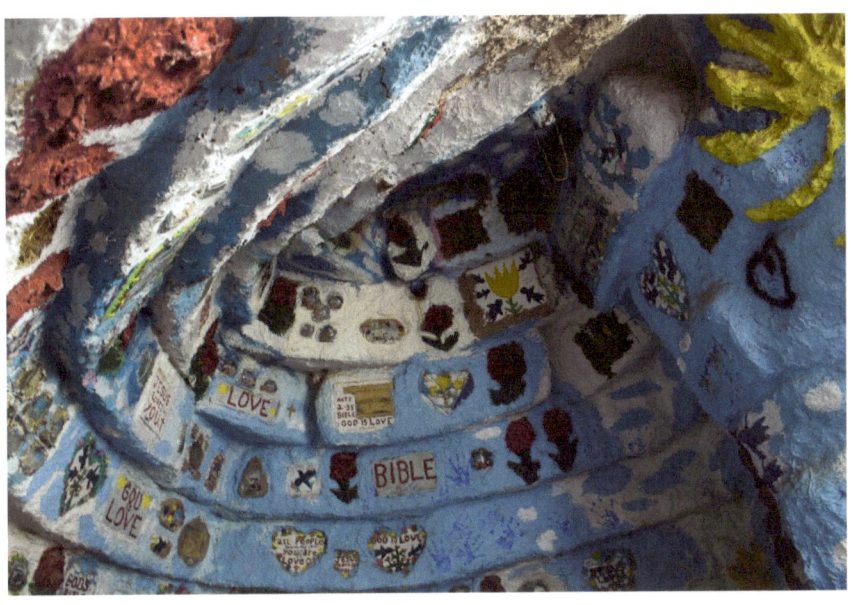

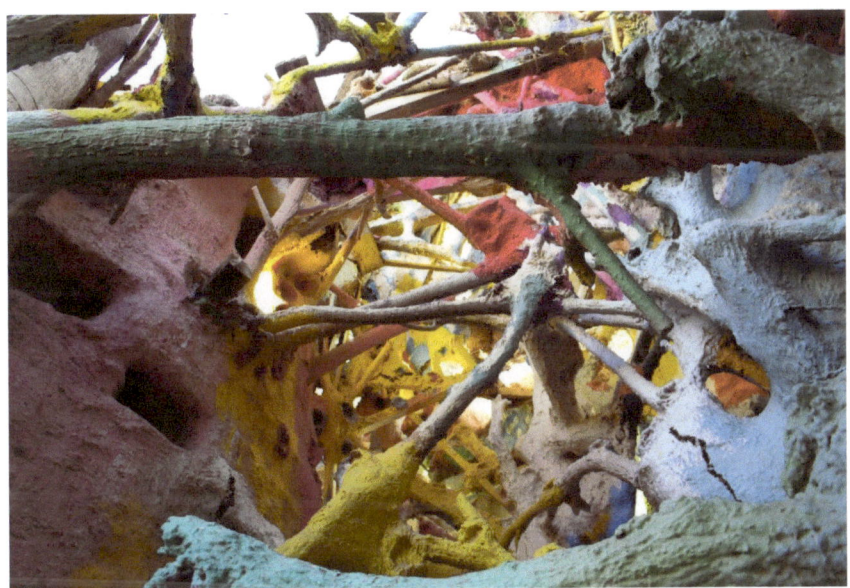

山の西側

サルベーションマウンテン

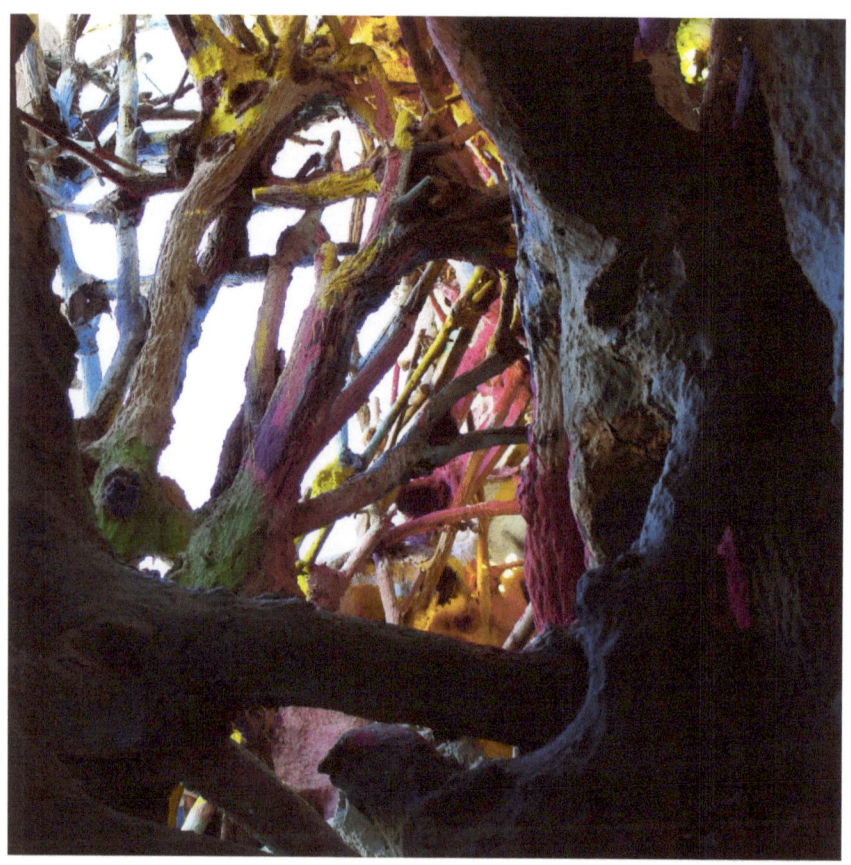

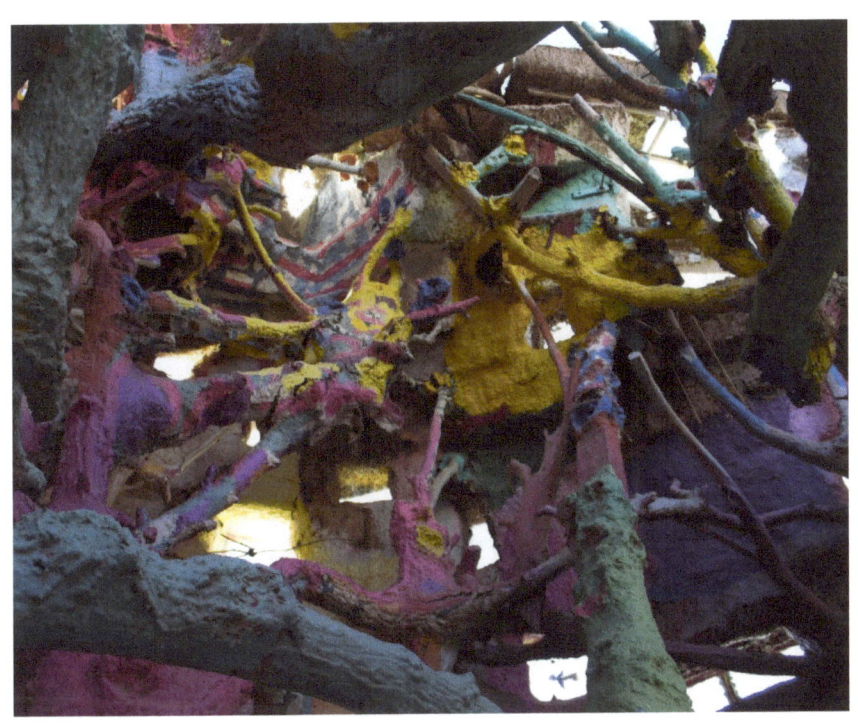

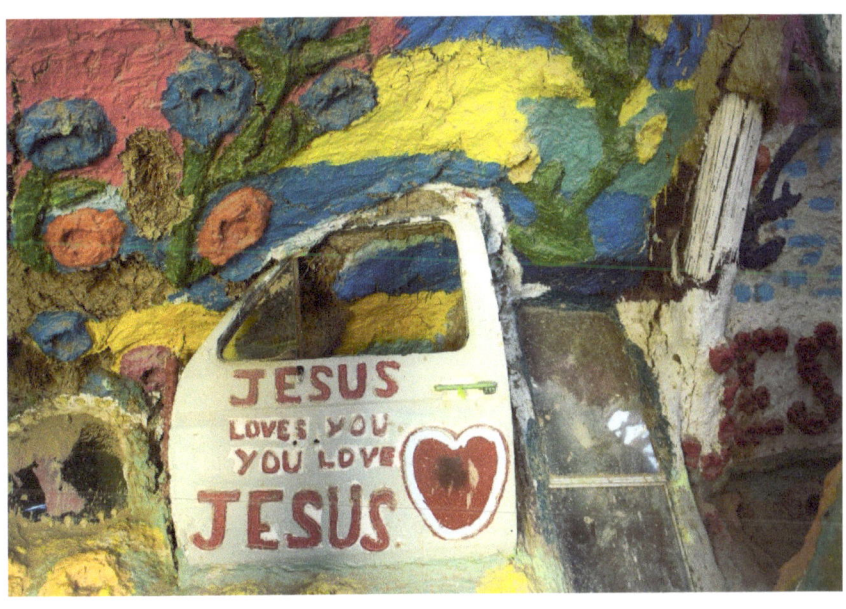

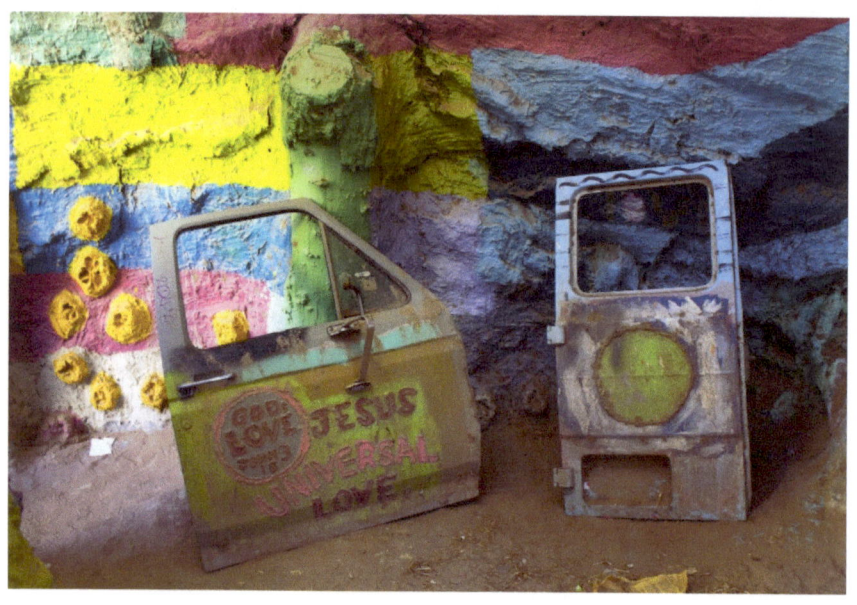

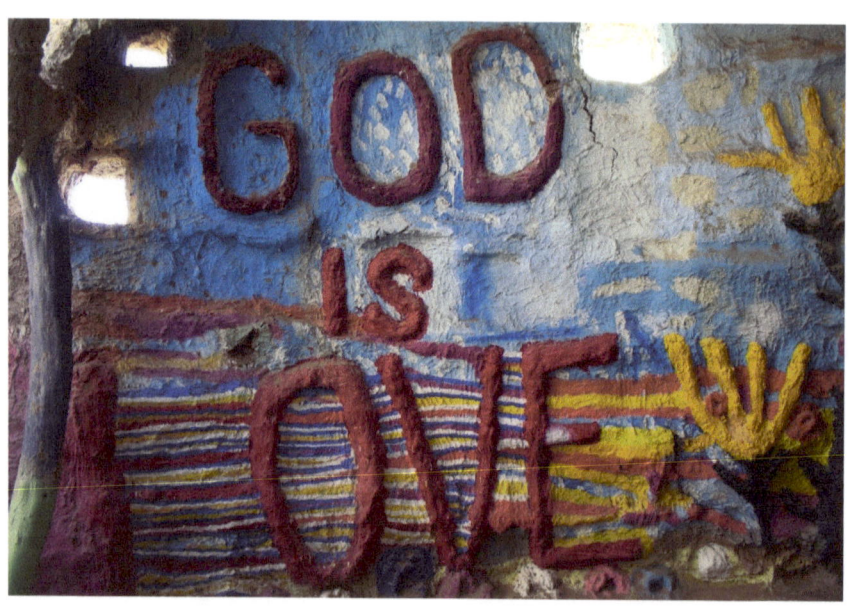

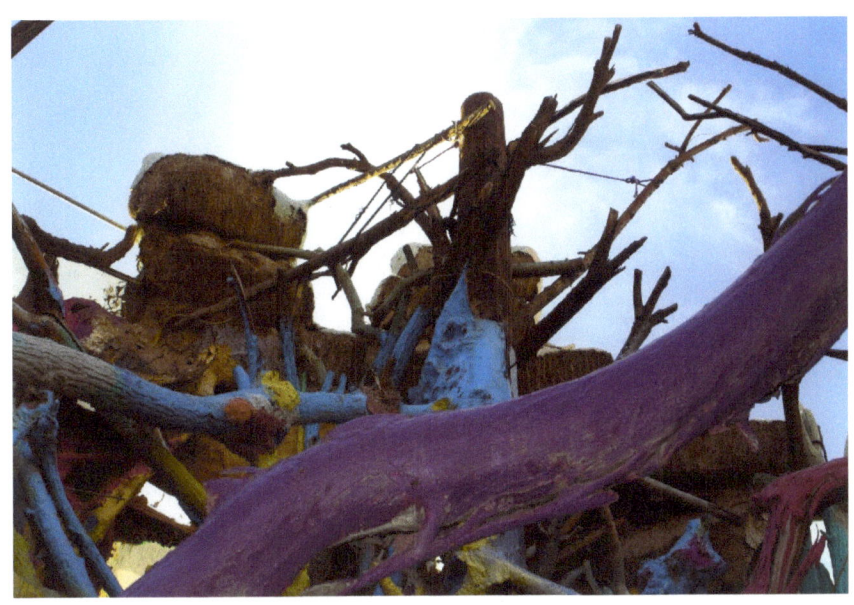

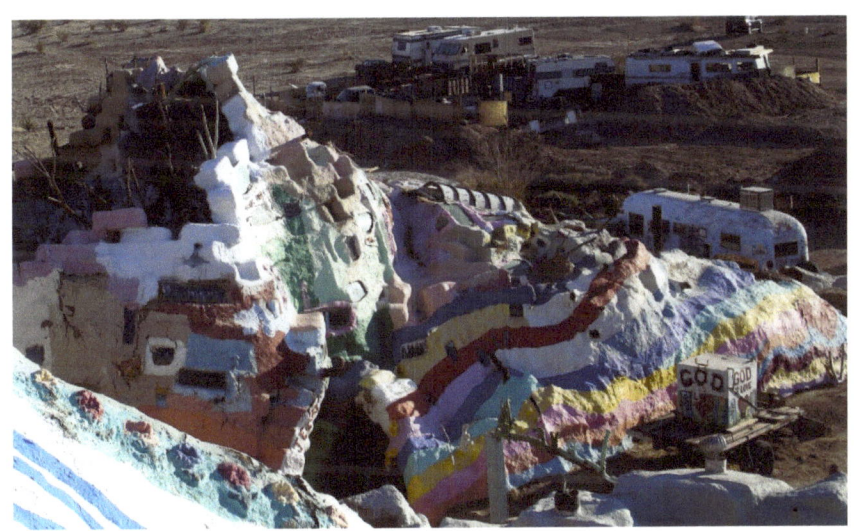

山からの景色

サルベーションマウンテン

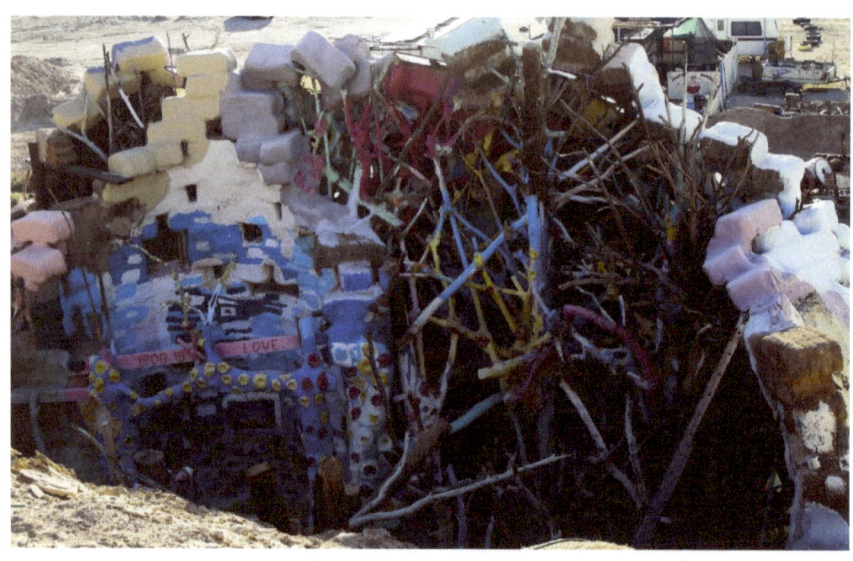

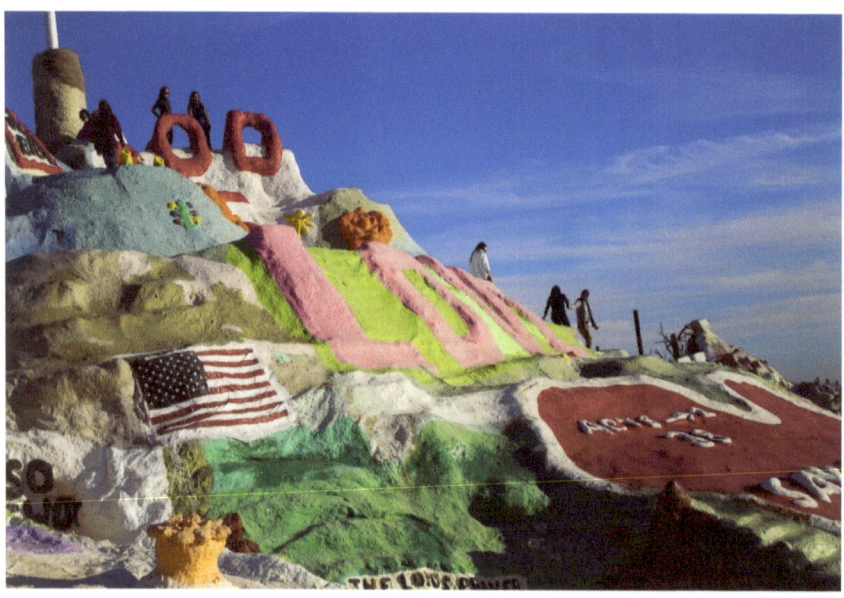

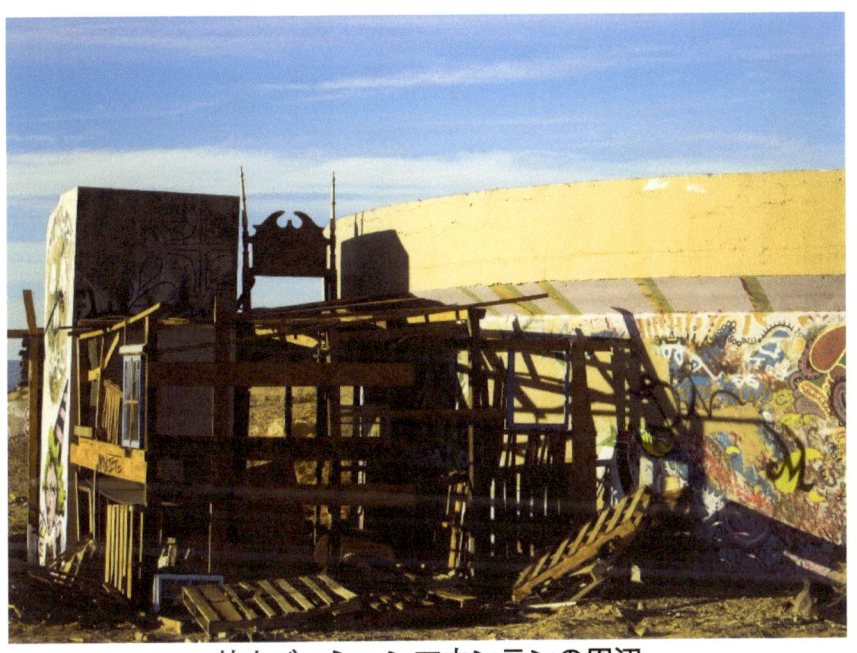

サルベーションマウンテンの周辺

スラブシティー

スラブシティーは、サルベーションマウンテンの東2.4キロメートルのところにあるキャンプ場です。ここは、元々アメリカの海兵隊が1942年に作った訓練基地でした。でも、1956年にこの訓練基地は閉鎖になりました。スラブシティーと言う名前の由来は、建物だけが取り壊され、その瓦礫だけが残されたからです。

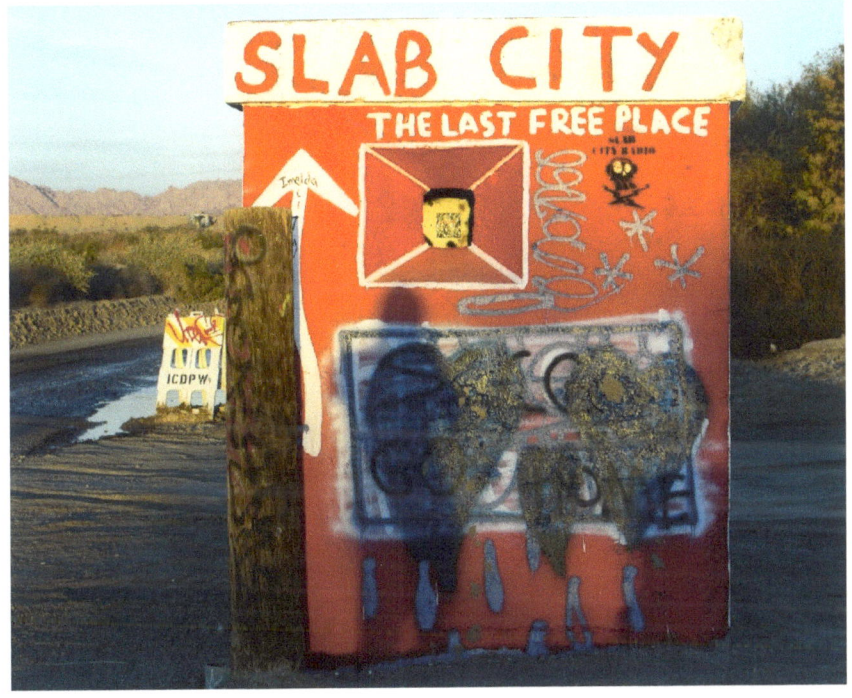

ここの住人は、アメリカ中からキャンピングカーでやってきて、ここで暮らしています。夏には気温が48度にもなるため、その時期は他の土地に移動する人もいるようですが、それでも一年中そこに住む人もいます。電気、水、下水道はありません。

スラブシティー

イーストジーザス

イーストジーザスはスラブシティーにあります。ジーザスと言っても、宗教的な意味はありません。イーストジーザスは、何も無いところ。という意味です。ここにある作品のほとんどはゴミや廃品で出来ています。

スラブシティーは、アメリカで最後の自由の町だと言われています。ここは、電気もガスも水道さえない何も無い町。なるべくかかわりたくない変わり者の人達が住んでいる町。だから、最初は怖いので近寄りたくもありませんでしたが、思い切って行ってみて、本当に良かったと思います。

イーストジーザスのゴミで作られたアート作品はどれも衝撃的でした。

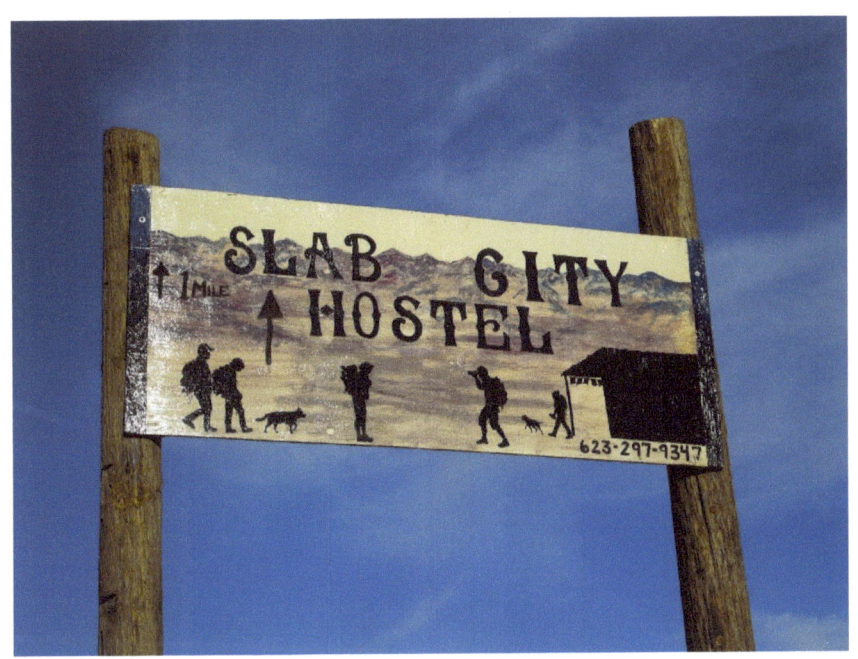

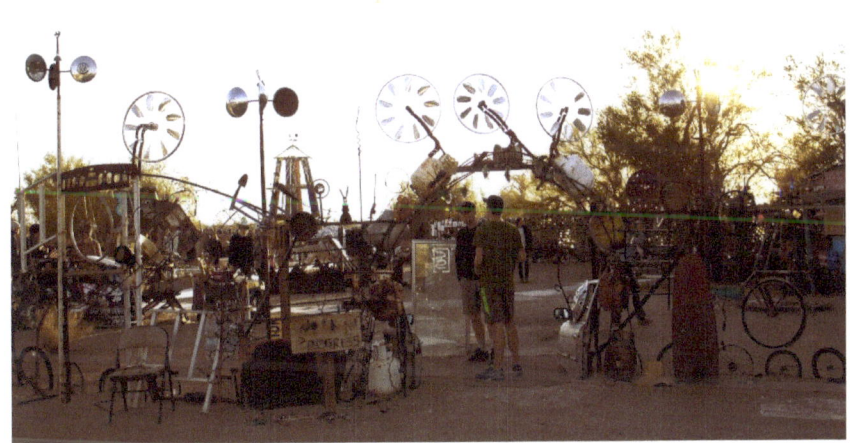

イーストジーザスの入り口

スラブシティー

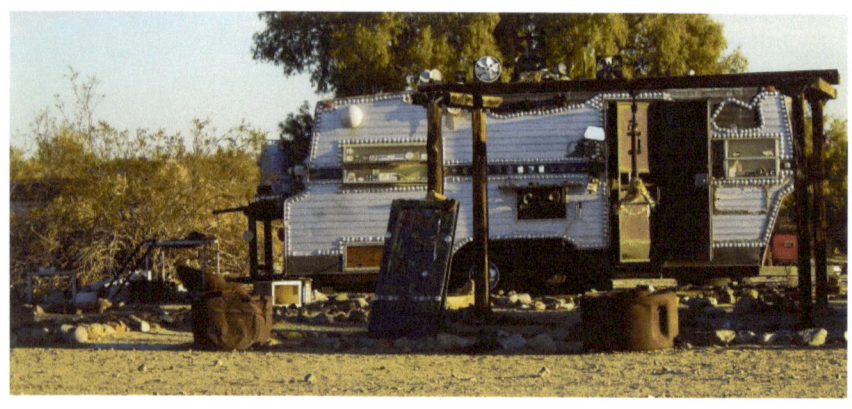

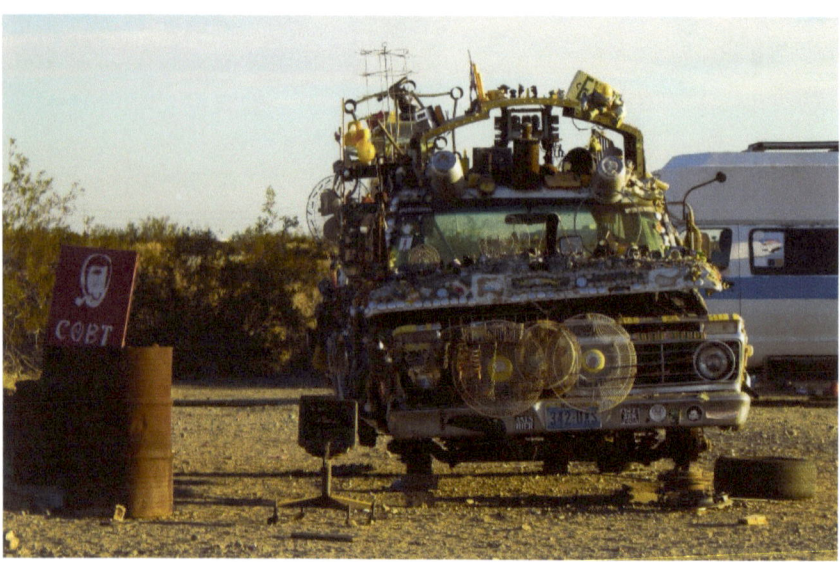

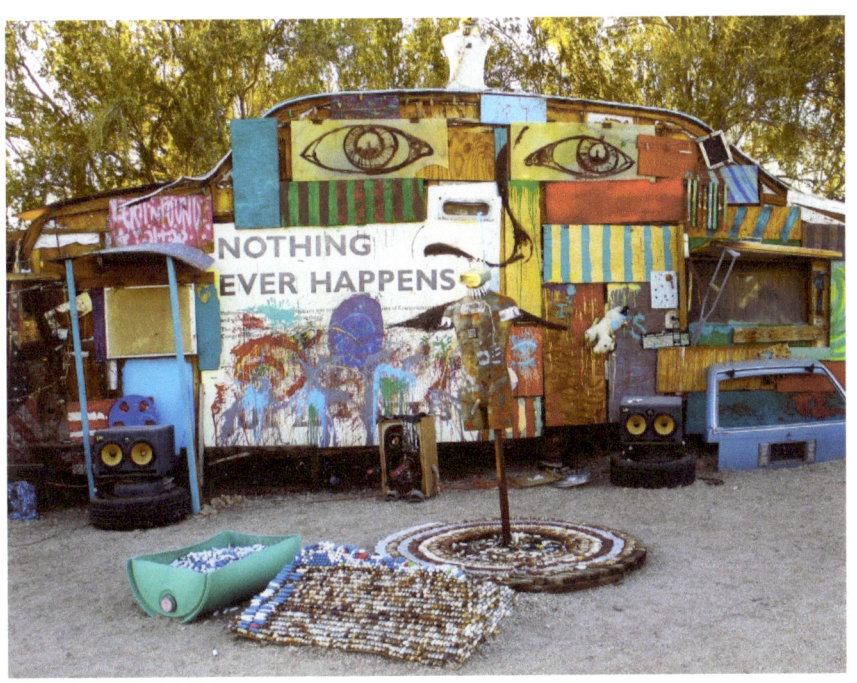

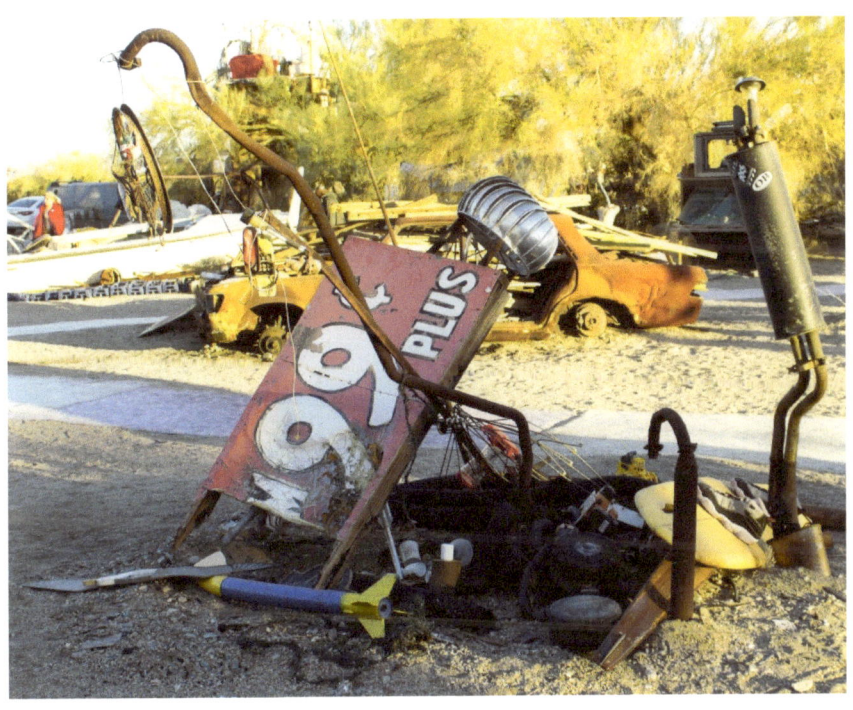

スラブシティー

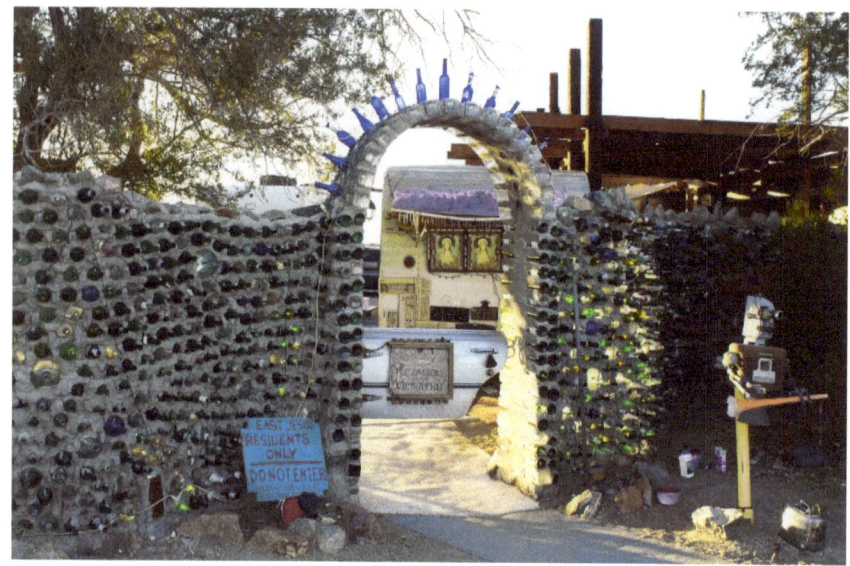

ボトルの壁

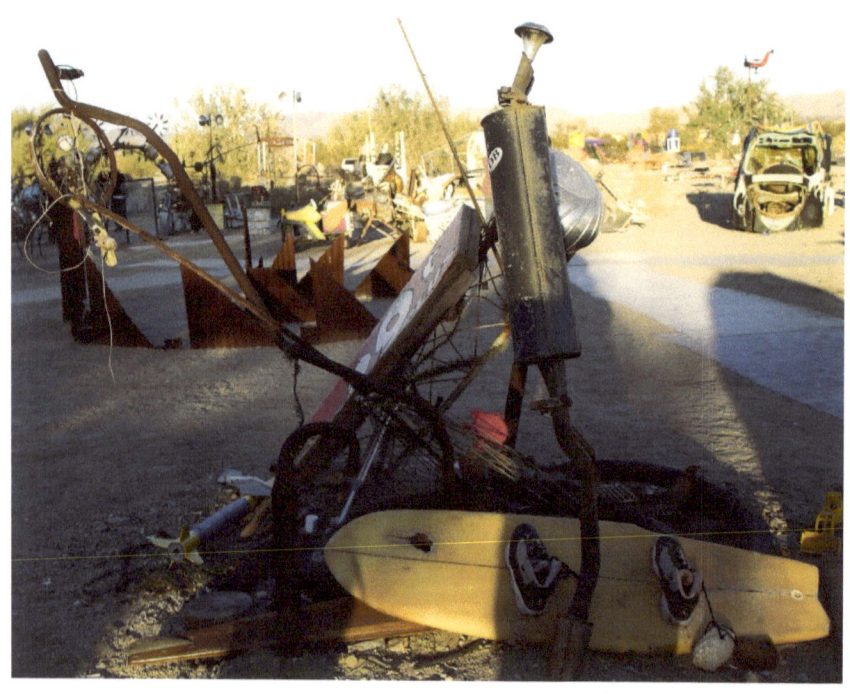

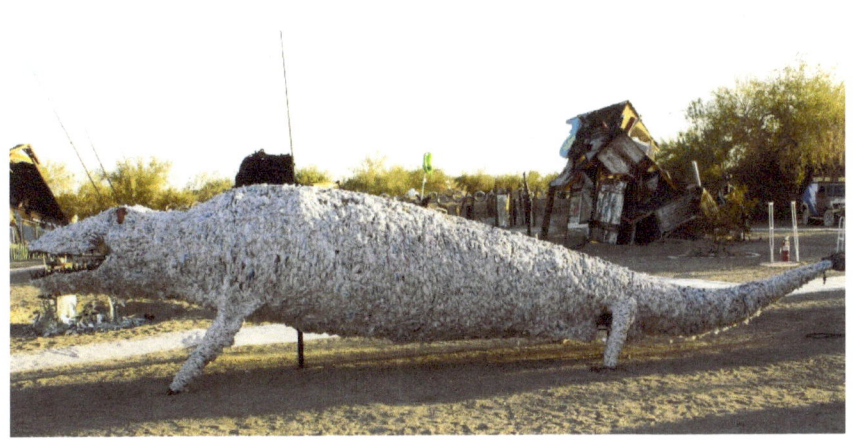

ビニール袋でできた恐竜

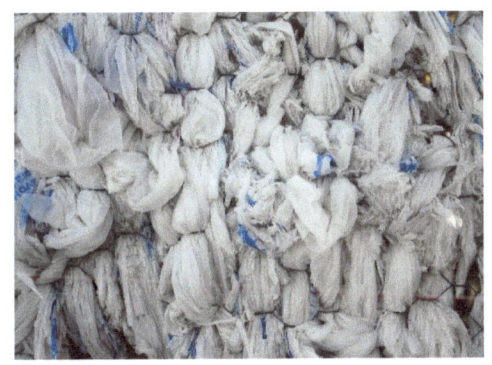

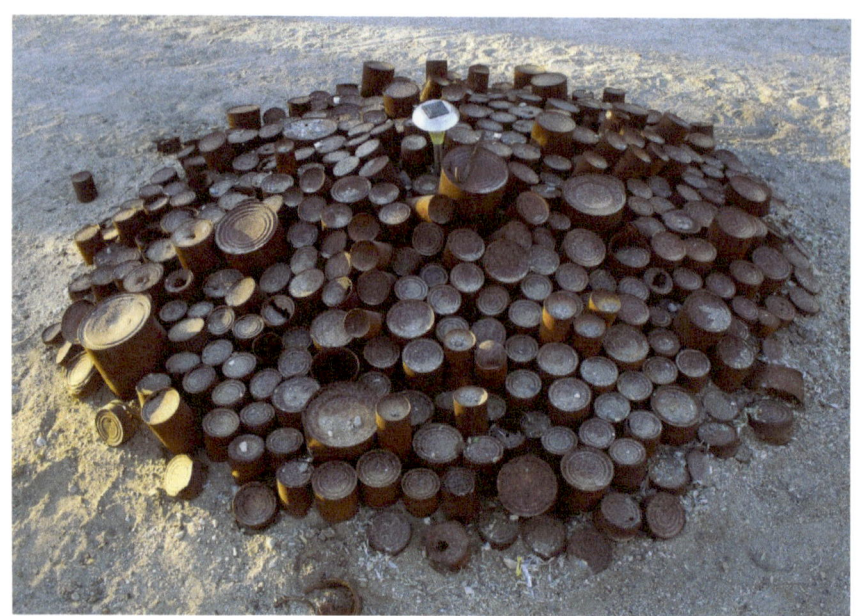

缶で出来たオルガン

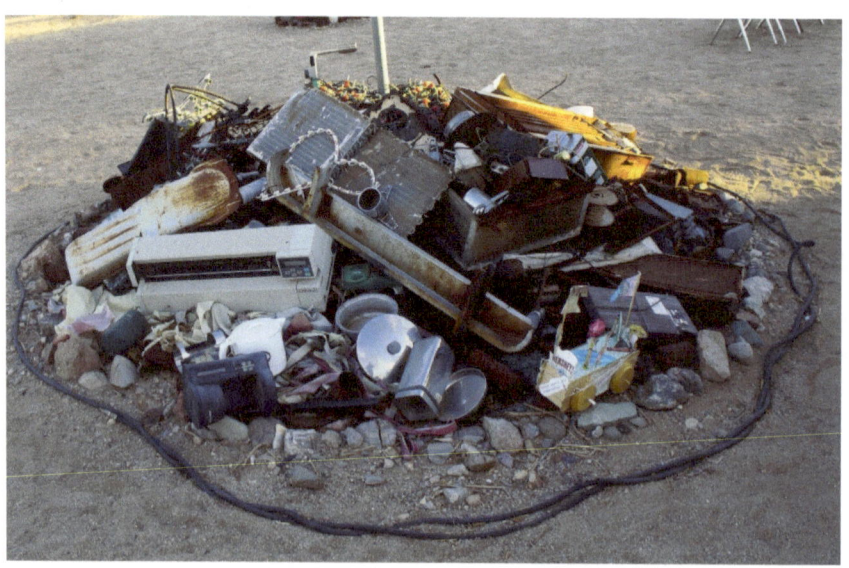

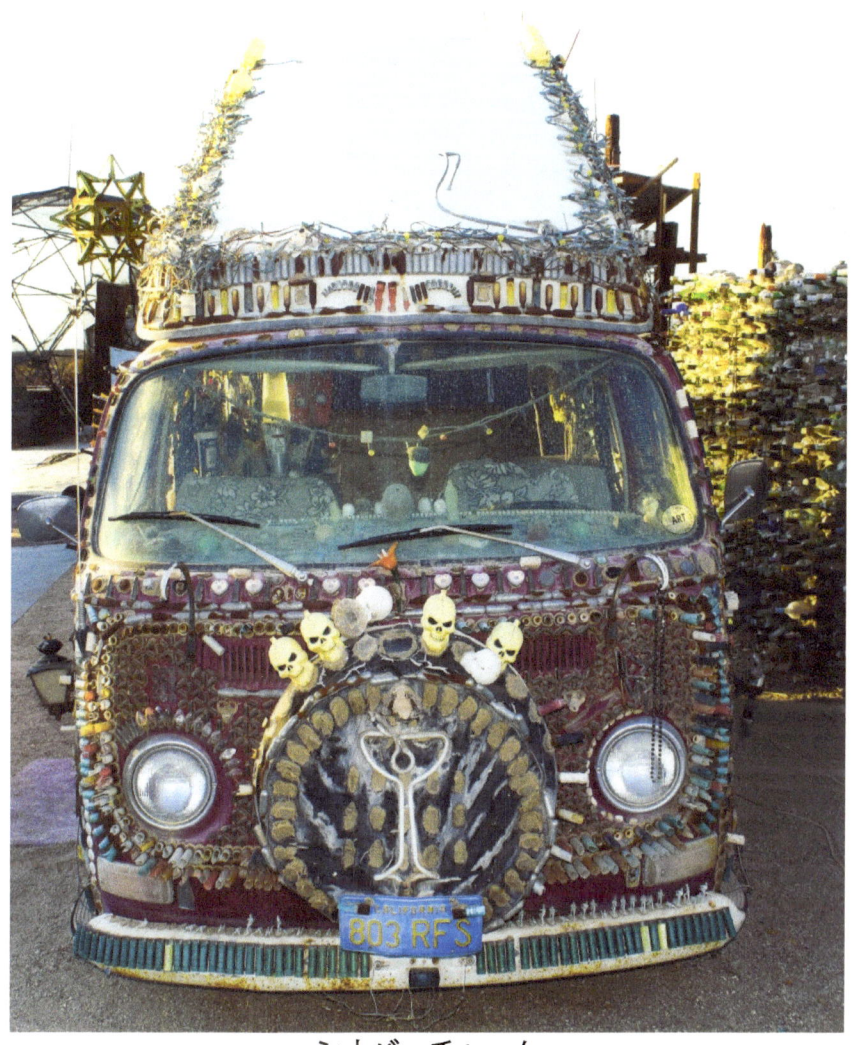

シナバーチャーム

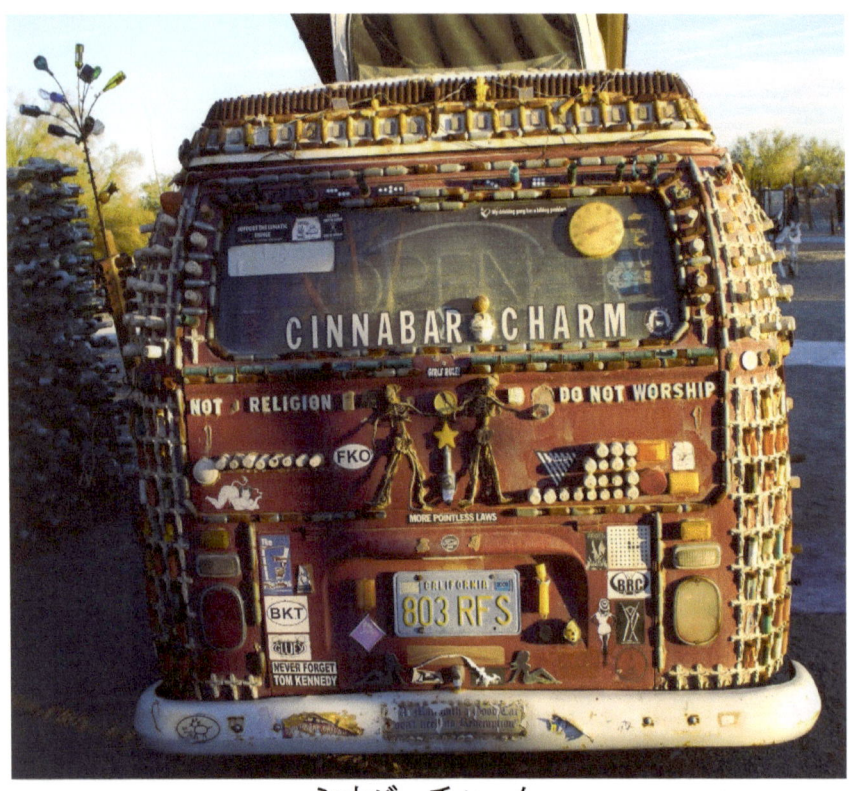

シナバーチャーム

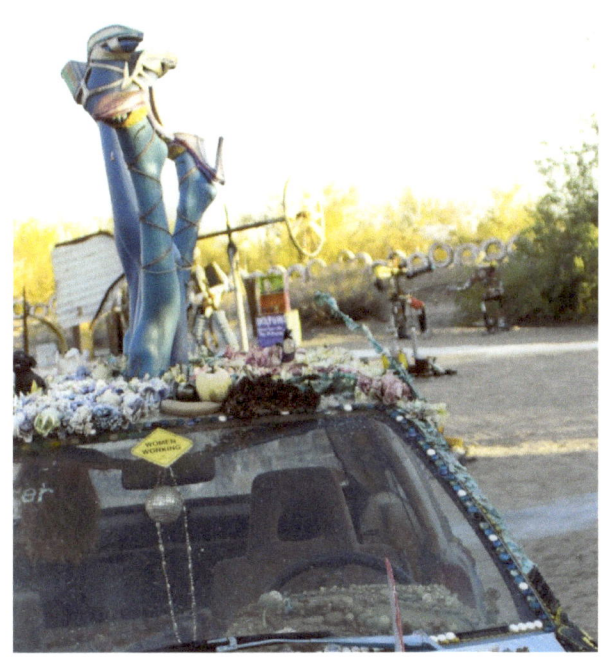

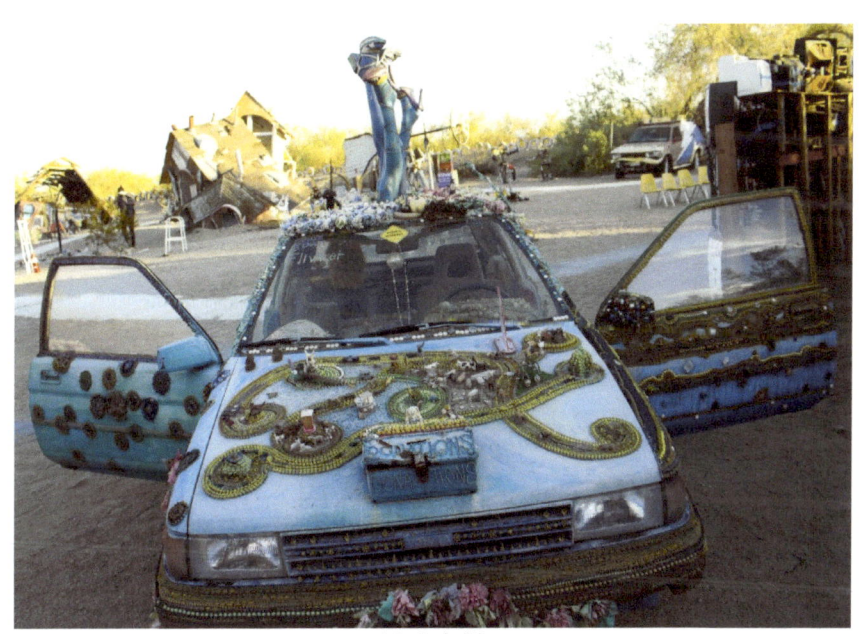

働く女性

スラブシティー

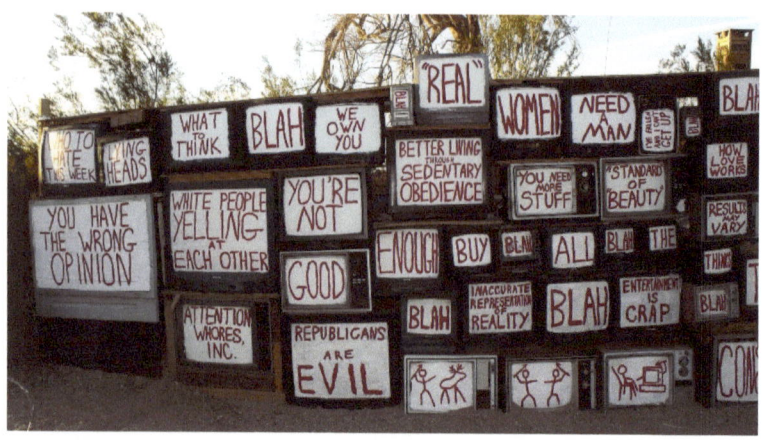

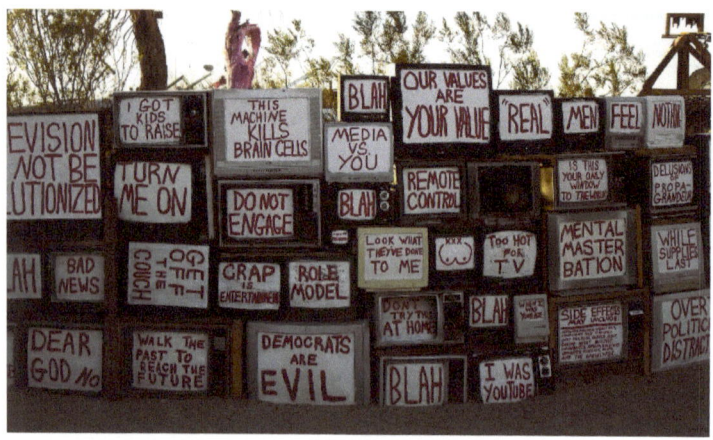

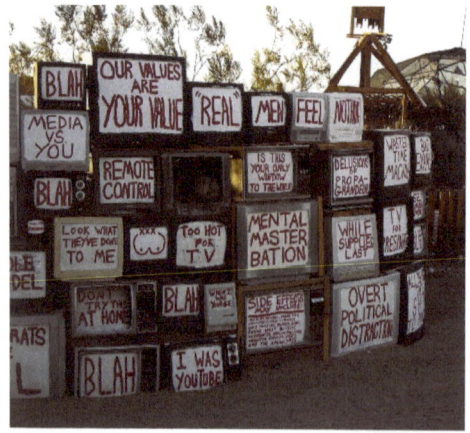

テレビの壁

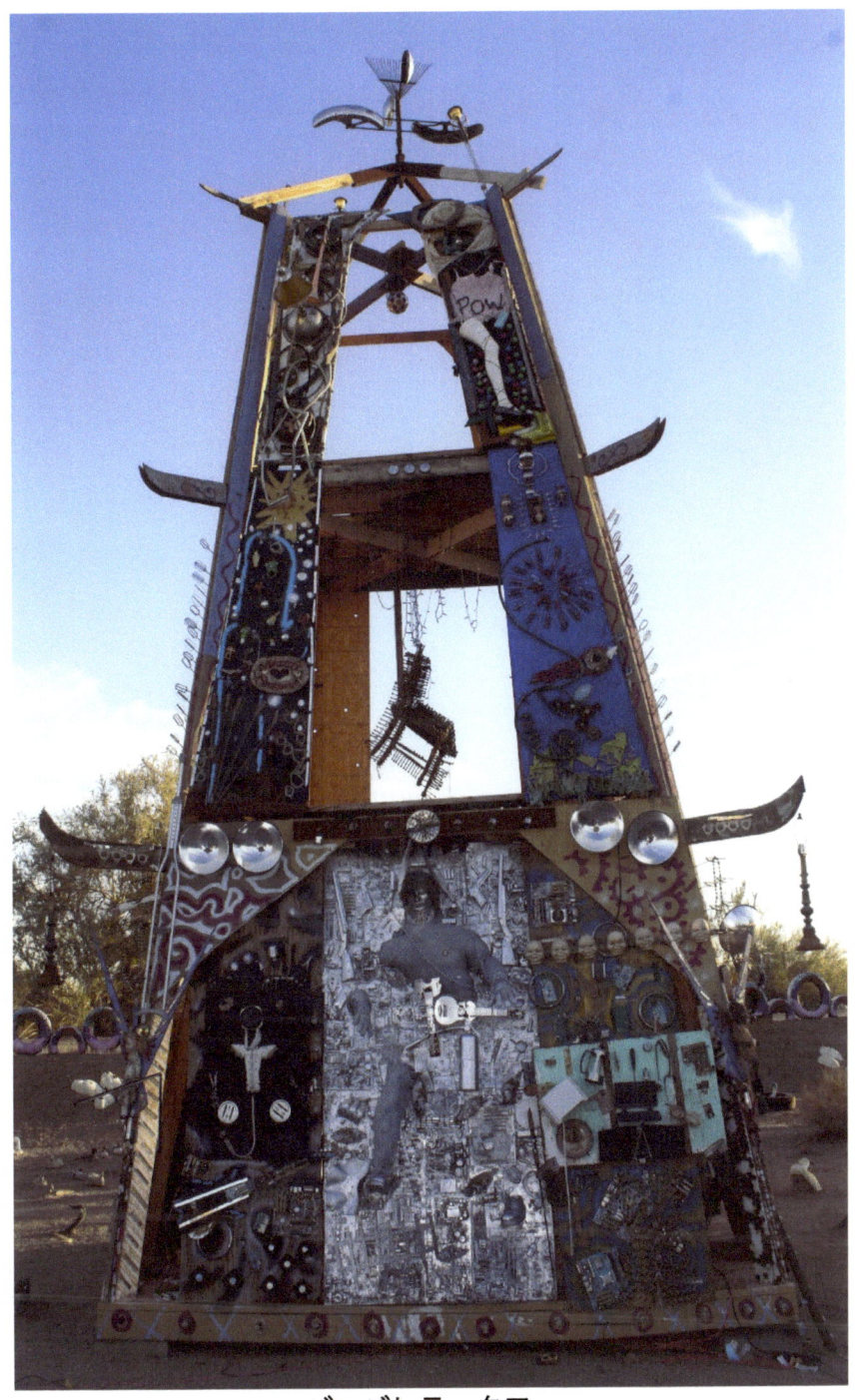

バーバレラータワー

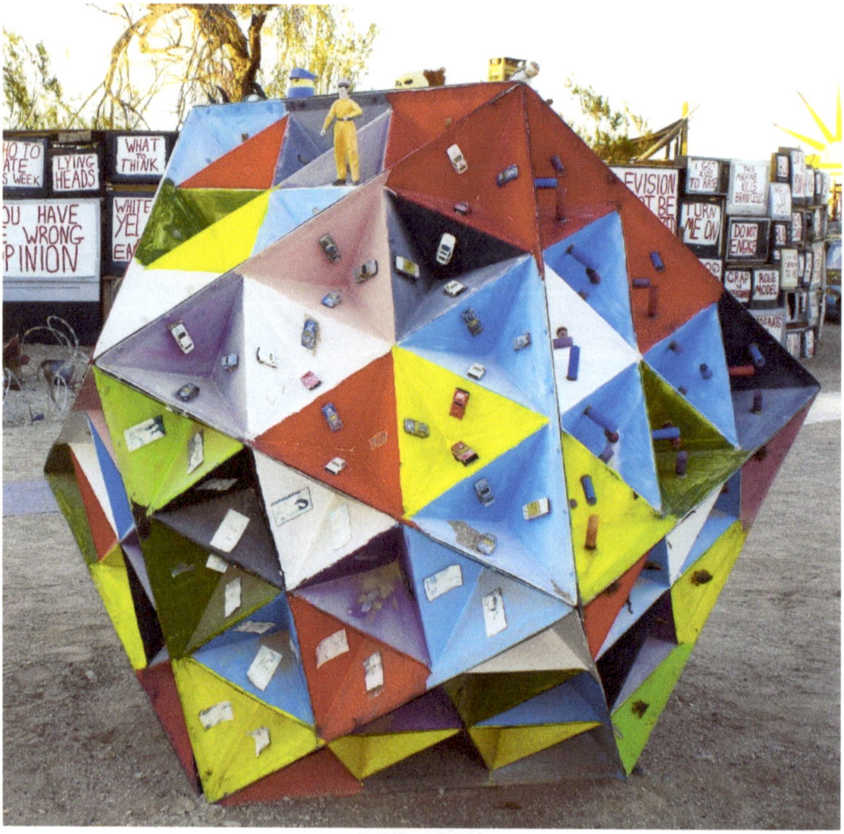

人間の悪徳

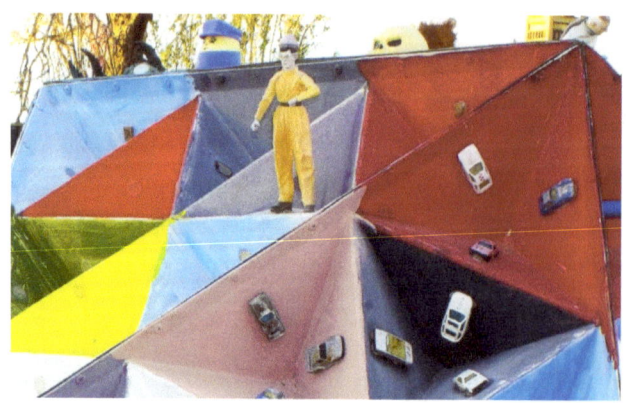

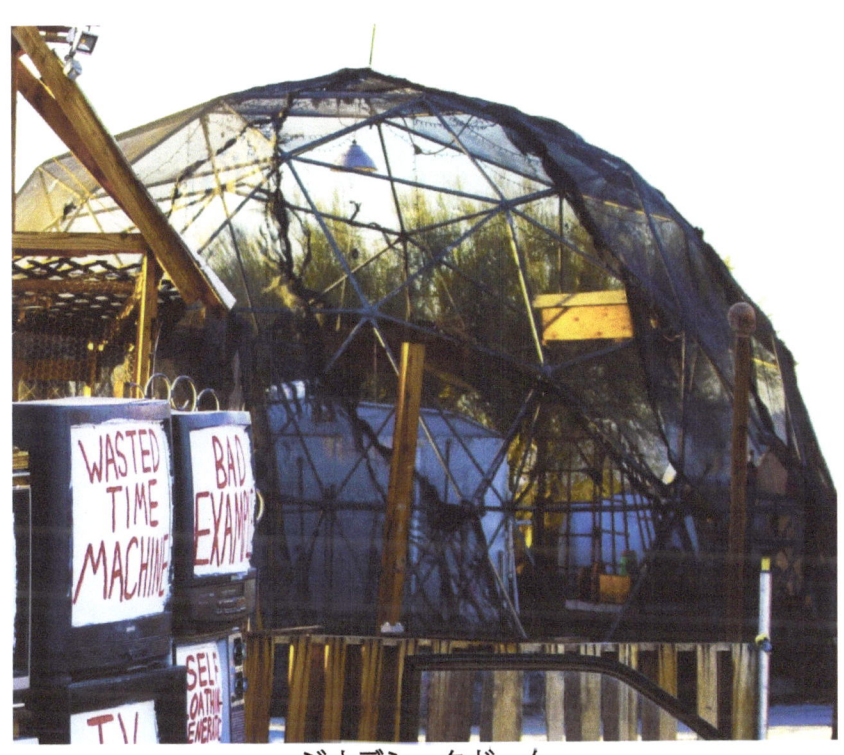

ジオデシックドーム

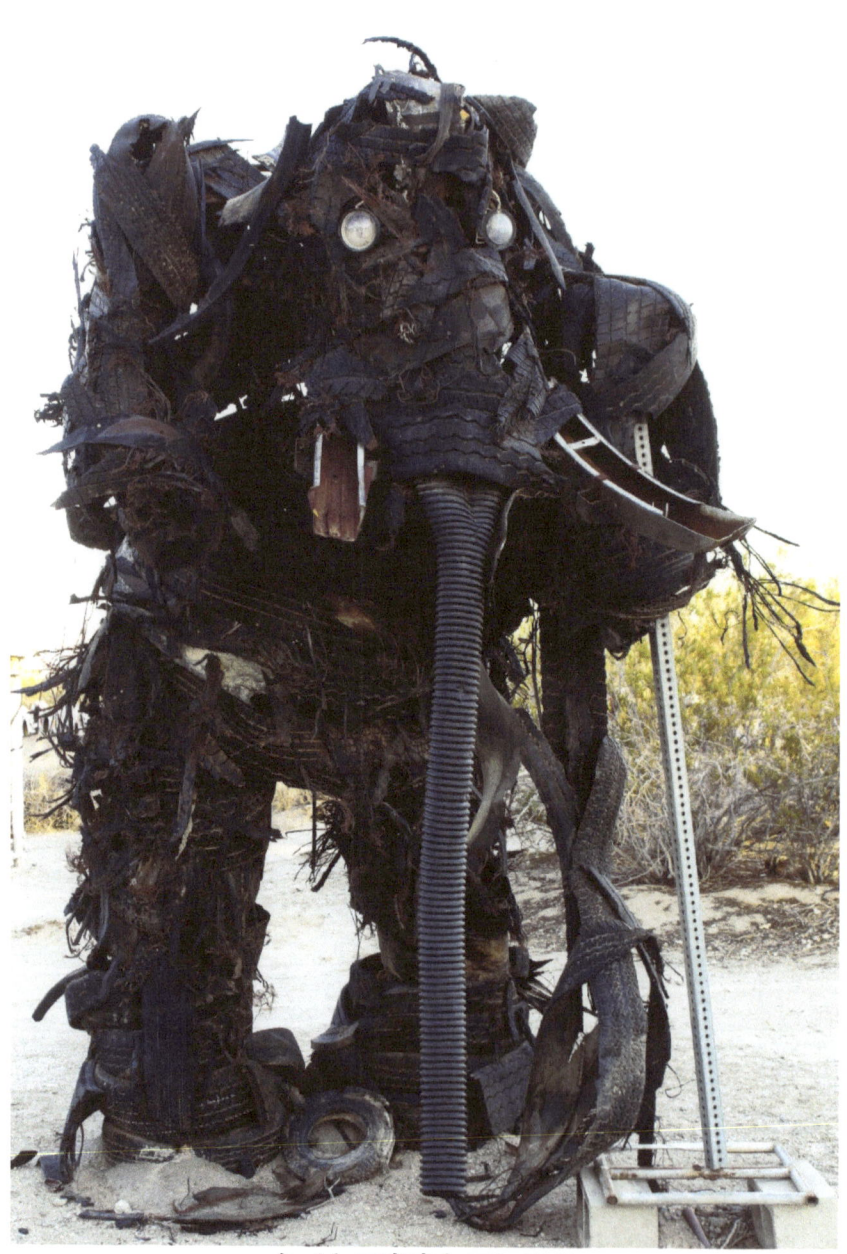

タイヤで出来たマンモス

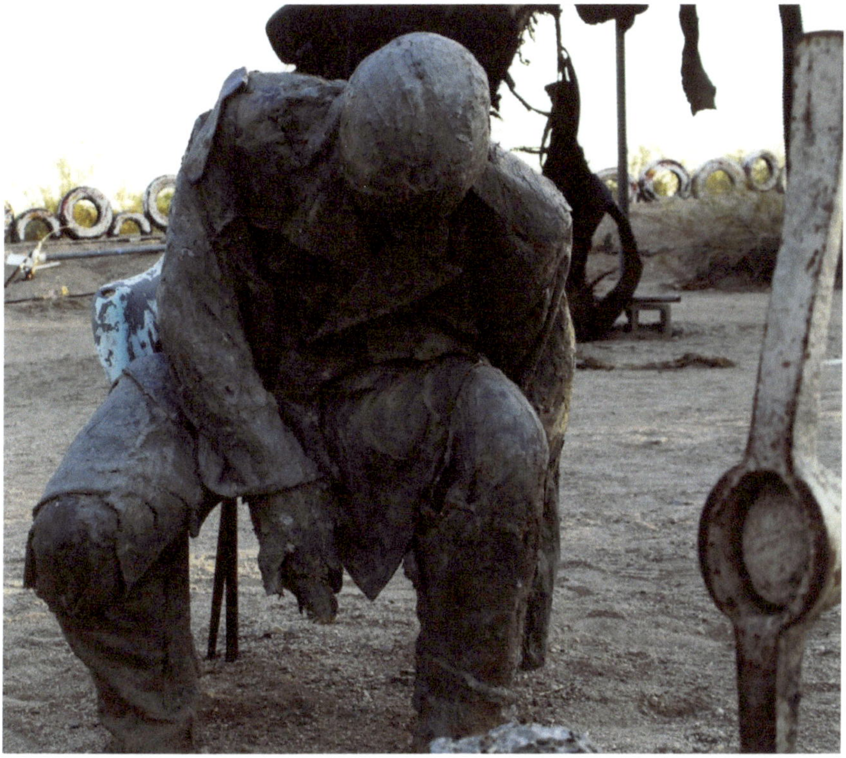

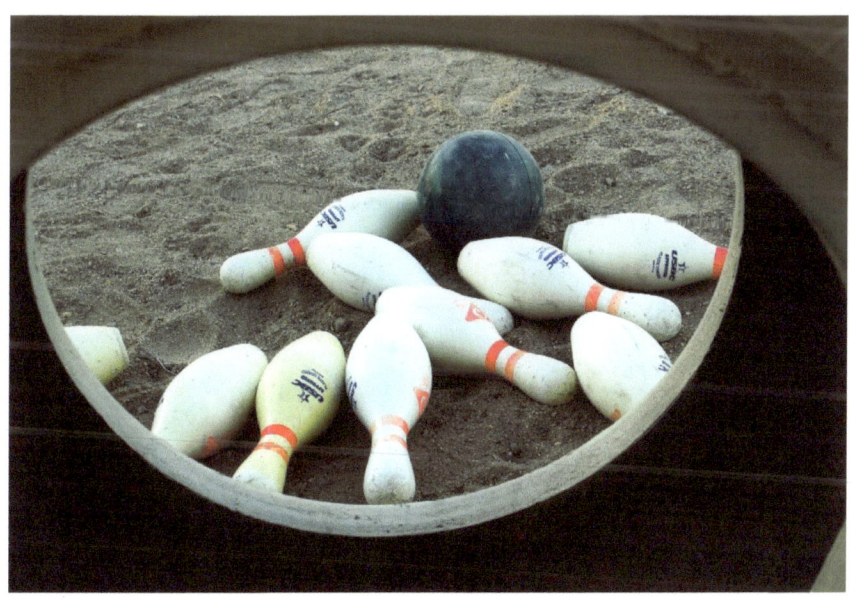

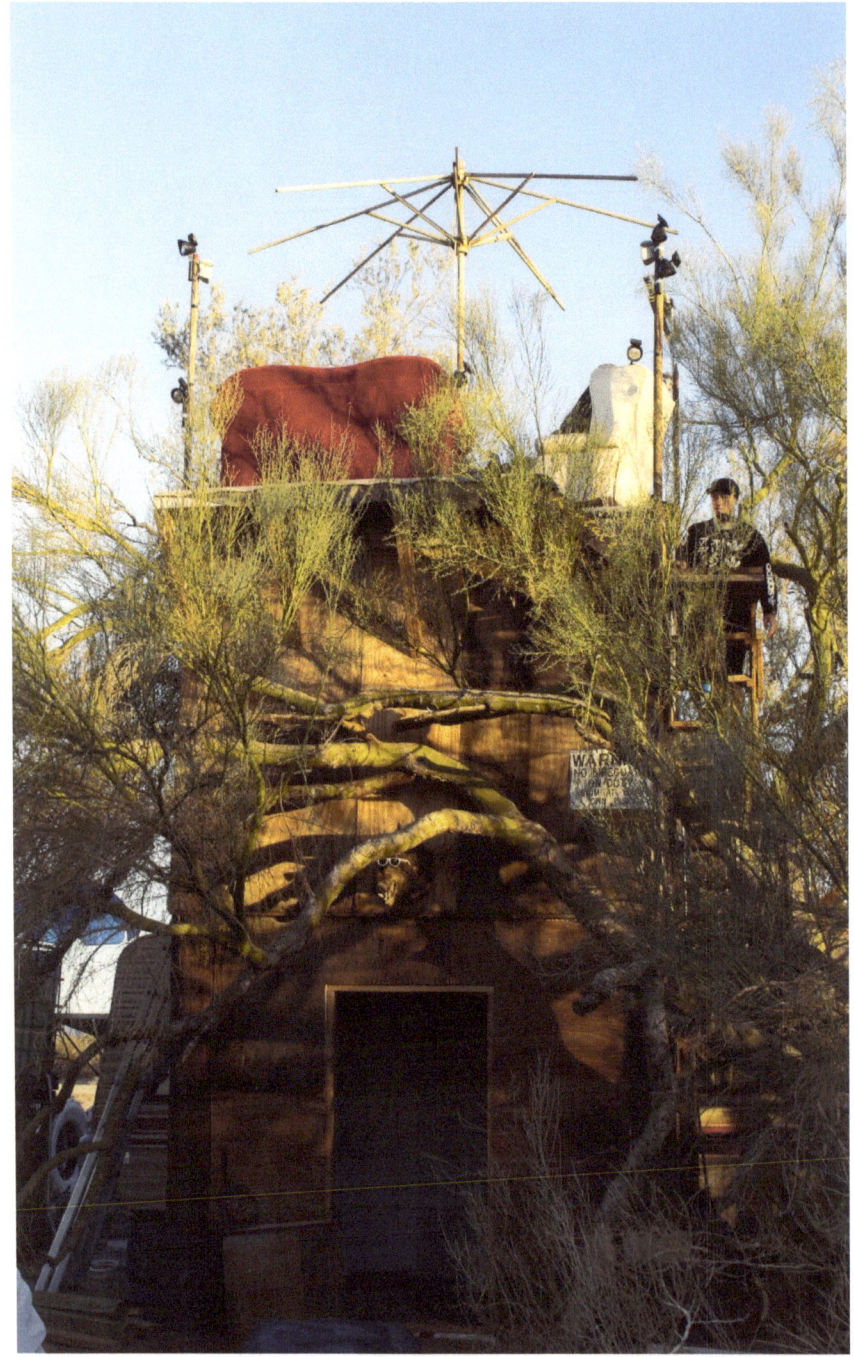

スラブシティーのツリーハウス

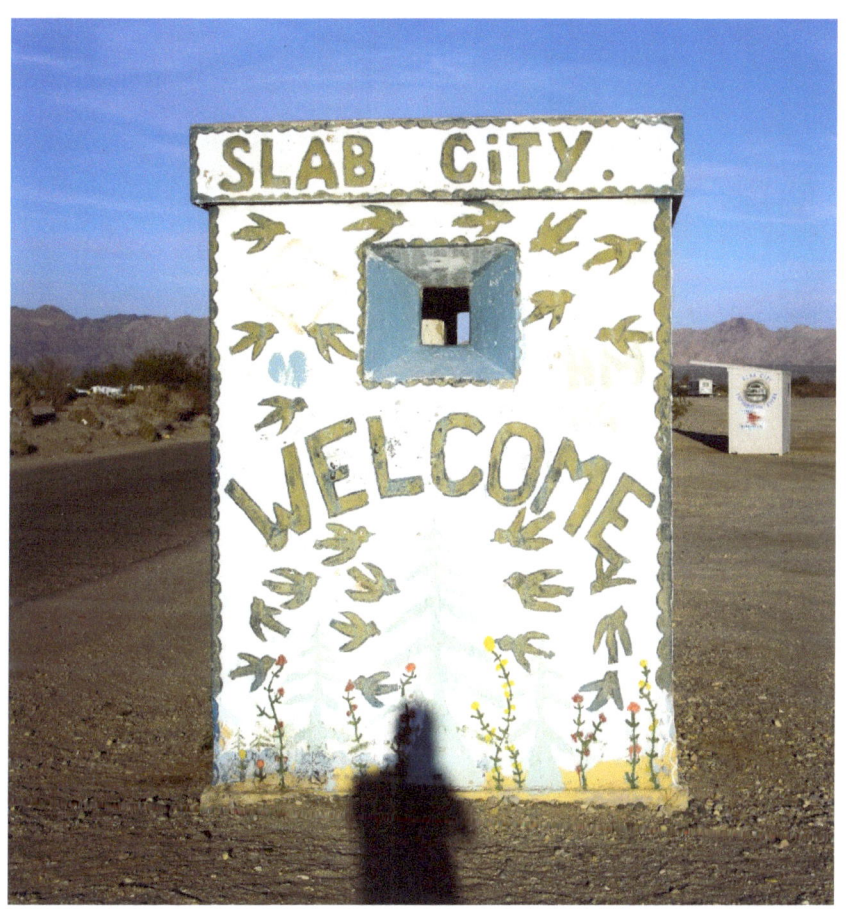

スラブ・シティー

スラブシティーを出た後、ソルトン湖を通過中、美しい日没の写真を撮りました。

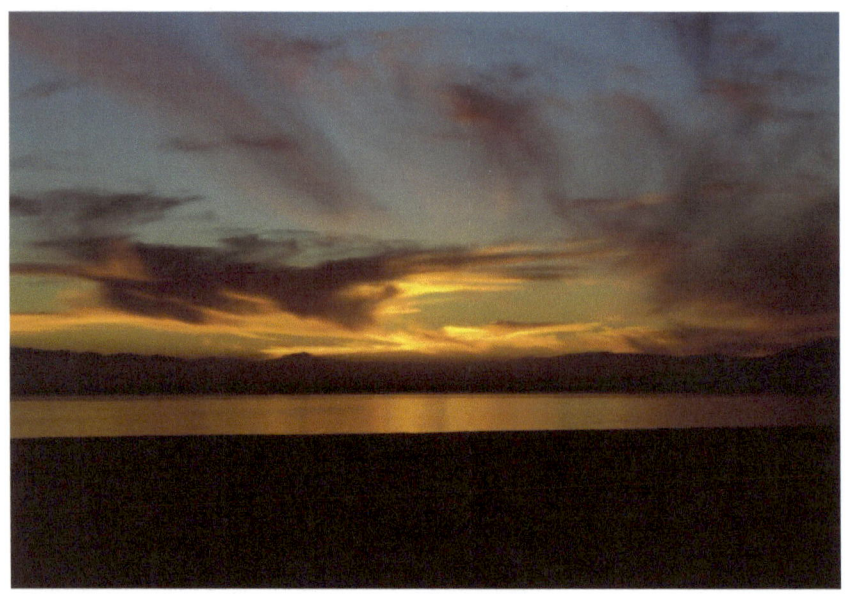

ソルトン湖の日没